Wenn Engel versagen

Nadine Naume

Wenn Engel versagen

Nadine Naume

WAGNER VERLAG[40]
www.wagner-verlag.de

Ein Buch aus dem WAGNER VERLAG

Korrektorat: Dr. Gabriele Schweickhardt
Umschlaggestaltung: Wagner Verlag GmbH
Fotos Umschlag: © Gordon Bussiek, Irochka - Fotolia.com
1. Auflage

ISBN: 978-3-95630-198-8

Bibliografische Information der Deutschen Nationalbibliothek:
Die Deutsche Nationalbibliothek verzeichnet diese Publikation in der
Deutschen Nationalbibliografie; detaillierte bibliografische Daten sind
im Internet über http://dnb.d-nb.de abrufbar.

Die Rechte für die deutsche Ausgabe liegen beim
Wagner Verlag GmbH,
Langgasse 2, D-63571 Gelnhausen.
© 2014, by Wagner Verlag GmbH, Gelnhausen
Schreiben Sie? Wir suchen Autoren, die gelesen werden wollen.

Über dieses Buch können Sie auf unserer Seite www.wagner-verlag.de
mehr erfahren!
www.wagner-verlag.de/presse.php
www.facebook.com/meinverlag
Neue Bücher kosten überall gleich viel.
Wir verwenden nur FSC-zertifiziertes Papier.

Druck: dbusiness.de gmbh · D-10409 Berlin

Der Weg in die Ewigkeit ist gar nicht so weit. Um 23.03 Uhr fuhr mein Sohn los, um 0.12 Uhr kam er im Himmel an.

Tod mit 19

19 Jahre jung, es gab noch viel zu tun.
Schule, Ausbildung, Arbeit, Freund, Freundin und Familie.
Doch das gibt es für Michael jetzt nicht mehr,
von jetzt auf gleich.
Wer denkt in diesem Alter an den Tod,
wo doch das bewusste Leben erst anfängt?
Der ganze Stolz – sein Auto!
Ein Auto für ihn, ausgestattet für Musik, ganz zu seinem
Vergnügen.
Er wollte nur Spaß!
Sein ganzer Stolz, sein Auto und sein Sarg.
Eltern, Freunde und Familie, die ermahnten ihn:
Pass auf!
Und:
Lass es bitte sein!
Sein ganzer Stolz, sein Auto und sein Sarg.
Eltern, Freunde und Familie weinen,
von jetzt auf gleich.
Sein ganzer Stolz und sein Sarg.
Ende, aus und vorbei.
Sein ganzer Stolz.

Der Tod des eigenen Kindes ist die Hölle

Nach jeder Nacht kommt am Morgen das Entsetzen wie ein Hammerschlag zurück.

Ich habe die bittere Lektion lernen müssen, dass die Zeit keine Wunden heilt. Am 21. Juni 2002, um 3.20 Uhr morgens, erhielt ich einen Anruf von meinem Exmann aus Stuttgart, der mein Leben für immer veränderte.

Inez, die zweite Frau meines Exmannes, war am Telefon und sagte zu mir: „Dein Sohn Michael hatte einen Autounfall um 23.03 Uhr. Sein Tod wurde um 0.12 Uhr festgestellt."

Donnerstag, 20. 06. 2002

7.30 Uhr: Ich wachte auf, geweckt von wunderschönem Sonnenschein, der mein Zimmer durchflutete. Ich blieb noch ein wenig im Bett liegen und schaute hinunter in meinen Garten, aus dem mir viele Blumen leuchtend entgegenschauten; Rosen, Tulpen, Lavendel. Sie verströmten einen süßen Duft, der durch das offene Fenster in mein Zimmer drang. Plötzlich, aus heiterem Himmel, durchzuckte die Erinnerung an meine Träume der letzten Nacht meine Gedanken.

Dieser Augenblick markiert einen Wendepunkt in meinem Leben, einen Sturz in die Tiefe, der eine grausam zerfurchte Narbe hinterlassen sollte, die mich bis heute nicht zur Ruhe kommen lässt.

Die Träume

Ich träumte von tausend Mäusen, die auf mein Bett kletterten und dort tanzten. Dabei veranstalteten sie einen solchen Lärm, dass ihre Schreie die Wände durchdrangen. Den Mäusen folgten schwarze Katzen, die die Mäuse zerfetzten, sodass deren Blut im ganzen Schlafzimmer verspritzt wurde.

Es herrschte ein schreckliches Geschrei, welches mir noch Monate nach dem Traum immer wieder in den Ohren dröhnte. Aus meinem Gedächtnis kann ich es bis heute nicht streichen.

Dann lagen alle Mäuse tot auf meinem Bett, die Katzen verließen mein Schlafzimmer – bis auf eine. Diese eine Katze blieb an meiner Zimmertür stehen und sah mich an. Sie fing mit einem Mal an zu weinen. Ich sah ihr in die Augen, die ich nie vergessen werde. Sie waren neonblau und leuchteten wie Glühbirnen, sodass das ganze Schlafzimmer in ein unnatürliches Licht getaucht wurde.

Dann, von einer Sekunde auf die andere, war das ganze Bild aufgelöst. Es fühlte sich an, als wäre ich in einem Fantasyfilm gefangen.

Ich wachte nicht auf. Und der Alptraum setzte sich fort.

Eines meiner Kinder – ich konnte nicht erkennen, welches – befand sich in einem Tunnel. Für mich sah es jedenfalls ganz so aus, als ob mein Kind in diesem Tunnel gefangen sei und sich in großer Gefahr befinde. Es schrie. Die Schreie wurden immer lauter. Das Echo seiner Stimme brach sich an den Wänden des Tunnels. Seine Stimme wurde beständig lauter und grausamer, unerträglicher. Es fing an, zu weinen.

Ich merkte, dass auch ich in meinem Traum angefangen hatte, zu schreien. Ich hatte solche Angst. Ich wusste nicht, was mit meinem Kind passierte.

Auf einmal sah es mich an und rief: „Aide moi, Maman –

hilf mir!" Immer und immer wieder schrie mein Kind diesen Hilferuf, bis ich am Morgen erwachte.

Nachdem ich versucht hatte, diesen Albtraum zu vergessen, ging ich in die Küche, um zu frühstücken. Ich machte mir einen Café au Lait, dazu ein Baguette mit Butter und Konfitüre. Als ich alles fertig angerichtet hatte, öffnete ich das Terrassenfenster und ließ mich in meinen Lieblingssessel fallen.

Während ich meinen Kaffee trank, warf ich einen Blick auf meinen Garten und genoss den Duft der wunderbaren Rosen, der zu mir heraufgeweht kam. Es würde ein schöner Tag werden, aber ich konnte meine Träume der vergangenen Nacht einfach nicht vergessen.

Seit ich aufgewacht war, begleitete mich ein schreckliches Angstgefühl. Ich sagte mir, dass das bestimmt an den makabren Träumen lag. Doch erleichtern konnte mich das nicht.

Da passierte plötzlich etwas Unglaubliches: Ein Schwarm von Schmetterlingen umschwirrte mich. Ich wurde ganz ruhig, denn ich wollte sie nicht stören. Dabei beobachtete ich die Tiere und fragte mich, warum es so viele auf einmal waren und woher sie wohl so unerwartet gekommen waren.

Merkwürdigerweise flogen sie zwei Runden um mich herum und schwebten dann weiter. Ich sah ihnen nach, sprachlos über den Anblick. Ich hatte nur ganz selten so viele bunte Schmetterlinge auf einmal gesehen, da sie sonst doch höchstens zu zweit ihre luftigen Spiele spielen.

Ich überlegte, dass irgendetwas Seltsames in der Luft liegen musste, aber ich wusste nicht, was es sein könnte. Doch so viele Eindrücke waren schon auf mich eingestürzt, kaum dass der Tag angefangen hatte.

Schmetterlinge haben normalerweise Angst von Menschen. Abends, wenn ich meinen Lavendel gieße, schwirren sie öfters in größeren Scharen umher und surren über das Wasser. Aber sie fliegen dann für gewöhnlich sofort weg. Aber was sollte dann der eigenartige Flug der Schmetterlingsschar um mich herum an diesem Morgen?

Natürlich stellte ich mir die Frage, ob es einen Zusammenhang mit meinen Alpträumen der vergangenen Nacht geben könnte. Kamen sie zu mir, um mich zu beruhigen?

Als ich mit meinen Grübeleien nicht weiterkam, eilte ich unter die Dusche und fragte mich, wie ich für den Rest des Tages vorgehen sollte. Schließlich saß ich viel später als geplant in meinem Auto. Wie zum Trotz schalteten auf meinem Weg alle Ampeln auf Rot. Plötzlich kam es mir vor, als ob alles schief gehen würde.

Ich schaltete mein Autoradio ein, der Sprecher meldete, es sei 10.30 Uhr. Danach spielte er einen Song von Jean Jacques Goldmann, „Puisque tu pars!!" – „Weil du für immer gehst". Das Lied erzählt von einem Kind, das im Sterben liegt. Ich wurde über dem Lied so traurig, dass ich überlegte, meine eigenen Kinder anzurufen. Ich wollte mich vergewissern, dass alles in Ordnung war.

Und bis zu diesem Augenblick war ja auch alles in Ordnung, oder? Also rief ich sie an. Vorerst war ich beruhigt.

Der restliche Tag plätscherte so vor sich hin. Als ich meine Arbeit beendet hatte, machte ich mich auf den Heimweg.

Zu Hause angekommen, bereitete ich mir einen Tee, legte eine CD ein und legte mich auf das Sofa. Als ich es mir bequem gemacht hatte, wurde mir auf einmal sehr übel. Ich bekam schlecht Luft und aus der Angst, die die Atemnot auslöste, entwickelte sich eine Panikattacke. Ich wusste nicht, was mit mir los war. Um die Situation nicht ganz allein meistern zu müssen, rief ich meine kleine Schwester Claire an. Ich dachte, wenn ich mit jemandem spräche, würde es mir bald besser gehen. Doch ganz im Gegenteil, die Panikattacke nahm an Intensität zu.

Langsam beschlich mich das Gefühl, dass sich hinter der Tür zu meinem Unterbewusstsein ein schreckliches Geheimnis verbarg, das diese schlimmen Angstgefühle in mir auslöste und mir die Kehle zuschnürte. Manchmal, so glaube ich, befindet sich das Bewusstsein eines Menschen mit seinem Unterbewusstsein auf Kollisionskurs. Wir wissen es nur nicht und spüren es erst, wenn es zu spät ist. Und daran können wir auch nichts ändern. Ist das Zufall? Oder Schicksal? Ein Phänomen des Übersinnlichen oder der Natur? Was soll man tun, wenn mit einem Mal alles dunkel wird um uns herum, wenn wir nichts mehr sehen können, weil unsere tiefsten und schwärzesten Ängste uns überfallen?

Als kleine Kinder klammern wir uns in solchen Augenblicken an die Hand des Vaters oder kuscheln uns ins Bett unserer Mutter, um bei ihr zu sein, ihren Trost und ihre Stärke zu spüren, die uns beruhigt. Aber als Erwachsene?

Gegen das Dunkel in der Wohnung können wir Lampen einschalten. Aber gegen das Dunkel im menschlichen Leben hilft keine künstliche Beleuchtung.

Das Angstgefühl, das mich bereits den ganzen Tag begleitet hatte, war einfach zu einer Panikattacke herangewachsen und versuchte nun, mich zu ersticken. Ich konnte mich kaum noch bewegen, doch meine Gedanken rasten nur so vor sich hin.

Die Angst um meine Kinder wuchs.

Gegen 21 Uhr kam mein Mann Julien nach Hause. Erst als er da war, konnte ich mich ein wenig beruhigen, denn nun war ich mit all diesen finsteren Gedanken nicht mehr allein.

Wohl nie werde ich vergessen, als meine Mann zu Tür hereinkam, fragte er als Erstes: „Nadine, ist alles in Ordnung mit dir?" Ich antwortet wahrheitsgemäß: „Nein, Julien, seit heute Morgen verfolgen mich schlimme Ängste. Ich habe das schreckliche Gefühl, dass einem meiner Kinder etwas Furchtbares zustoßen wird."

Dann erzählte ich ihm von meinen Träumen. Julien schaute mich nur an und konnte nichts mehr sagen. Als wir später zu Abend aßen, meinte Julien, dass das, was ich fürchtete, Blödsinn sei. So ähnlich wie ein Aberglaube. Schließlich sei alles nur ein Traum gewesen.

Ich wünschte, Juliens tröstende Worte hätten der Wahrheit entsprochen. Doch alles kam anders. Das, was ich im Traum gesehen hatte, war mehr als nur ein Hirngespinst gewesen. Es war eine Vorahnung, die Wirklichkeit werden sollte.

In der Nacht vom 20. auf den 21. Juni 2002, ganz genau um 3.20 Uhr morgens, weckte uns das Telefon.

Julien schimpfte: „Was soll denn das? Wer, um Himmels willen, ruft denn um diese Uhrzeit jemanden an?"

Ich geriet in Panik, so sehr, dass ich vor Angst gar nicht erst ans Telefon gehen wollte. Ich blieb liegen, denn ich wollte nicht, dass mir jemand schlimme Nachrichten übermitteln würde. Zu Julien sagte ich, er solle das Telefon ruhig klingeln lassen. Es sei bestimmt jemand, der sich verwählt habe. Ich kuschelte mich in Juliens Arme und versuchte, wieder einzuschlafen.

Doch das Telefon klingelte unnunterbrochen weiter.

Julien war total genervt und bat mich, endlich den Hörer abzunehmen. Er war der Meinung, dass bei solch hartnäckigem Klingeln irgendetwas nicht stimmen könnte.

Mich überkam eine merkwürdige innerliche Ruhe. Und dann sagte ich zu ihm: „Gut, ich gehe jetzt dran." Ich gab ihm noch einen Kuss und stand auf.

In meinem Büro angekommen, nahm ich das Telefon ab: „Ja, bitte?" Am anderen Ende herrschte zunächst Stille. Dann, zaghaft: „Nadine?"

„Ja", antwortete ich, „hier ist Nadine. Wer spricht denn da?"

„Nadine, hier ist Inez."

„Inez, was ist denn passiert, dass du mich um 3.20 Uhr morgens anrufst?" Wieder Stille.

„Nadine, es ist etwas ganz Schlimmes passiert."

Mein Herzschlag spielte verrückt, mein Atem wurde langsamer. Ich dachte: Jetzt kommt es, das große Geheimnis wird gelüftet.

Und dann sagte Inez: „Es geht um Michael. Nadine, deinem Sohn ist etwas zugestoßen. Gestern Abend." Wieder Stille. Inez konnte es mir nicht sagen, sie brachte es nicht über die Lippen. Dabei wollte ich doch endlich wissen, was mit meinem Kind los war.

„Inez, was ist mit Michael? Wo ist er? Was ist passiert?" Meine Standfestigkeit geriet ins Wanken. Der Augenblick des Schreckens war gekommen.

„Nadine, es tut mir alles so leid. Ich weiß überhaupt nicht, wie ich dir diese grausame Nachricht beibringen soll. Michael hatte gestern Abend einen Autounfall. Nadine, Michael ist heute Nacht gestorben!"

„Was sagst du da? Sag doch so etwas nicht! Nein, Michael ist nicht tot." Ich konnte nicht fassen, was Inez mir da sagte. Und für einen kurzen Augenblick, obwohl ich bereits wusste, dass Inez' Worte wahr waren, konnte ich mich von meiner

Wahrheit überzeugen.

Diese Nacht werde ich in meinem Leben nie mehr vergessen!

Mein Michael war tot. Und ich konnte noch nicht einmal schreien.

Von diesem Moment an wusste ich nichts mehr. Wie war es möglich, dass mein Sohn tot war? Ich hatte doch noch vor ein paar Stunden mit ihm telefoniert! Nein, es konnte nicht wahr sein.

Diese Nacht werde ich nie vergessen. Mein Kind ist tot?!? Wer kann das verstehen?

Plötzlich war es so still im Haus, und ich konnte noch nicht einmal schreien.

In dieser Nacht wusste ich selbst nicht mehr, ob ich lebte oder tot war. In meinem Kopf dröhnte nur immer wieder die Stimme von Inez, die mir sagte: „Es ist etwas passiert. Michael ist tot."

Warum starb mein Sohn so plötzlich?

Wenn es einen Gott gibt, was ist der Sinn von solch einem kurzen Leben?

Wir wären eigentlich zu dritt, um gemeinsam durch dieses Leben zu gehen, und jetzt sind wir nur noch zwei, denn ab sofort fehlt einer!

Das gemeinsame Liedersingen, das vereinigende Lachen — der, der uns die meiste Freude bereitete, ist nicht mehr.

Michael wird uns fehlen, und doch auch wieder nicht, denn er wird ja immer bei uns sein.

Doch der Weg, der jetzt vor uns, vor mir liegt, ist schwer und lang, und niemand kann an meiner Stelle ein paar Schritte für mich gehen. Trotzdem bin ich sicher, dass Michael mich auf diesem Weg in aller Stille begleiten wird und um alles, was mein Herz seit dem Zeitpunkt seines Todes bewegt hat, weiß.

Ich werde sehr einsam sein ohne Dich, mein Kind.

Meine Tochter Sophie und mein Sohn Michael waren bis dahin mein ganzer Lebensinhalt. Doch mit einem Mal war Michael tot. Niemals mehr würde er die Treppe bei uns zu Hause hochkommen und rufen: „Mama, ich bin da! Stell die Bratkartoffeln auf den Herd!" Niemals mehr.

Alles, was ich meiner Meinung nach in meinem Leben richtig gemacht habe, sind meine beiden Kinder. Sie waren mein Lebensinhalt. Ich hatte doch sonst nichts außer meinen Kindern.

Ich werde Michaels liebende Augen niemals vergessen.

Manchmal frage ich mich, was mein Kind wohl in jenem Augenblick seines Todes gedacht haben mag. Ich möchte gerne wissen, ob er geschrien hat, ob er viele Schmerzen ertragen musste. Wusste mein Junge, dass er sterben würde?

Mein Leben endet und beginnt zur selben Zeit. Es ist 3.57 Uhr. Ich sitze schweigend da, rauche immer mehr und weiß nicht, was ich machen soll. Michael ist tot, und ich lebe noch. Er hat mich heute verlassen – für immer?

Warum hat er mich zurückgelassen? Und jetzt? Wie geht es jetzt weiter? Die Fragen häufen sich in meinem ansonsten leeren Kopf.

Ich warte darauf, dass auch ich gleich sterben werde.

Heute weiß ich, dass ich diesen Weg nicht hätte gehen wollen, doch in jener Nacht dachte ich, ich würde diesen Schmerz nicht überleben.

Ich gehe nervös auf und ab. Nach außen wirke ich wahrscheinlich ruhig, aber ich fühle nichts, außer dieser innerlichen Zerrissenheit, als ob mein Körper explodieren müsste. Mein Herz, meine Seele, mein tiefstes Inneres scheinen in viele tausend Stücke zerfetzt zu sein. Ich fühle: Hier und jetzt, am Ende dieses Weges, kann und will ich nicht mehr weiter. Ich weiß schon jetzt, dieser Weg ist mir zu brutal, und es gibt keine Medizin auf dieser Welt, die meinen Schmerz stillen könnte.

Meine Hingabe im Leben hat ihr Ziel verloren. Alle Freude ist von mir gewichen, es gibt keinen Ausweg mehr. Da ist nur noch Trauer, alle meine Hoffnungen wurden enttäuscht.

Diese Trennung kostet mich sehr viel Kraft. Ich kann nicht verstehen, dass mein Sohn Michael nie mehr zurückkommen wird, dass der Tod ihn mir genommen hat, dass dies nicht ungeschehen gemacht werden kann und dass die Trennung unwiderruflich ist.

Vier lange Jahre hoffte ich vergeblich auf Michaels Rückkehr.

Seit dem Zeitpunkt von Michaels Tod habe ich Angst, anderen Menschen zu nahe zu kommen. Ich kann keine normalen Beziehungen mehr eingehen.

„Du musst jetzt sehr tapfer sein." Diesen Satz hörte ich damals so oft. Doch ich fragte mich nur: Wie geht das? Der Tod ist so mächtig, so brutal. Unbarmherzig schlägt er zu. Damit traf er mich bis auf den tiefsten Grund meines Herzens. Aus heiterem Himmel wurden wir, mein Sohn und ich, verurteilt – ohne Abschied. Ein grausames Urteil.

Vorbei war die Freude über eine gemeinsame Zukunft, vorbei der Traum von vielen schönen, gemeinsamen Jahren.

Ich hatte eine große Geburtstagsparty für Michaels 20.

Geburtstag geplant. Ich hatte mich schon so auf die riesige Torte gefreut. Es sollte eine Überraschung werden. Aber Michael kam mir zuvor. Er überraschte mich auf die erbarmungsloseste Art, die es gibt. Alles, was ich an seinem Geburtstag tun konnte, war, an diesem kalten Tag an seinem Grab zu stehen, mit roten Rosen und weißen Lilien als Geschenk.

Ich erinnerte mich an die Beerdigung und an jenen Augenblick, in dem ich plötzlich fühlte, dass ich zu meinem Kind gelangen müsste, egal wie. Ich wollte für meinen Sohn auch nach seinem Tod noch mein Bestes geben. Noch war er doch bei uns auf der Erde, dachte ich damals, als mir bewusst wurde, dass ich ihn bald den Händen der Muttergottes würde übergeben müssen. Mir wurde gleichzeitig bewusst, dass dieser Übergang etwas Ungewöhnliches für mich war, etwas, das ich noch nie erlebt hatte.

In unserer modernen Gesellschaft haben wir uns daran gewöhnt, uns im Fernsehen Geschehnisse aus den Notfallstationen anzuschauen. Ich finde, dass diese Situationen stets sehr grausam anzusehen sind. Doch für mich wurde diese Sachlage zur Realität.

Mein Sohn liegt im Leichenschauhaus in Stuttgart, verpackt in einen schwarzen Sack bei circa fünf Grad plus. Ich befinde mich zu dieser Zeit im Saarland, ungefähr 270 Kilometer entfernt, und frage mich: Wie komme ich jetzt zu meinem Kind? Ich will ihn sehen. Ich kann einfach nicht glauben, was hier los ist!

Ich denke, wenn ich jetzt zu Michael gehe, wird er mir noch etwas sagen. Aber sicher, er wird mir sagen, dass er nicht tot ist. So einfach stirbt man nicht. So einfach kann auch mein Kind nicht von mir gehen. Außerdem würde Michael mich nie verlassen, ohne mir vorher einen Abschiedskuss zu geben. Das hätte Michael nie gemacht!

Michael lebte in der Zeit kurz vor seinem Tod zusammen mit seiner Freundin Teuta, einer jungen Muslimin, in Stuttgart-Wernau. Mein Exmann Marco lebte ebenfalls in Stuttgart, im Stadtteil Plochingen. Dorthin ging die Polizei, um die dramatischen Geschehnisse von Michaels Tod zu vermitteln. Ich musste die Tatsachen jedoch am Telefon erfahren, und das auch noch von der Frau meines früheren Mannes.

Später rief Marco selbst noch einmal an. Er konnte vor Verzweiflung kaum sprechen.

Als ich ihm sagte, dass ich sofort kommen würde, weil ich zu unserem Sohn wollte, antwortete er nur: „Nadine, was willst du jetzt hier? Warte noch, es kann ja sein, dass er das gar nicht ist. Kann doch sein, dass sein Freund gefahren ist. Meine Frau und mein Bruder sind schon im Leichenschauhaus, ich kann da nicht hingehen. Nadine", fuhr er fort, „es tut mir leid, aber das kann ich wirklich nicht. Komm doch morgen, dann ist auch Sophie zurück aus dem Urlaub."

Sophie! Sie hatte ich ganz vergessen. Sie ist Marcos und meine gemeinsame Tochter und Michaels Schwester. Dennoch, ich wollte sofort zu meinem Sohn. Ich beharrte darauf: „Aber ich will mein Kind sehen!" Marco erwiderte nur: „Nadine, warte doch, bis Inez zurückkommt. Dann werden wir wissen, ob es wirklich Michael ist."

Im selben Moment kam Inez nach Hause und berichtete, dass es tatsächlich Michael sei, der in der Leichenhalle lag.

Marco weinte sehr laut und flüsterte ins Telefon: „Das kann doch nicht sein. Nadine, er ist tot!"

In jenem Moment verspürte ich mit einem Mal eine Abscheu vor meinem eigenen Leben. Da ich nicht ein noch aus wusste, begann ich zu improvisieren, um das restliche

20

Gespräch, ja den ganzen folgenden Alltag zumindest oberflächlich meistern zu können. Doch die innere Leere, die entstanden war, schnürte mir die Kehle zu. *Warum verließ er mich?* Eine Frage, viele Fragen, die Michael nie mehr beantworten würde.

„Merke dir eins, Nadine, wenn man durch diese letzte Tür geht, ist es vorbei. Michael ist tot." Wiederholte Marco noch einmal.

Ohne zu jammern, kontrollierte ich meine Stimme, um ihm zu antworten. Doch was ich sagte, war belanglos. Ich versuchte, krampfhaft zu kontrollieren, was ich nicht mehr kontrollieren konnte, denn die Gedanken in meinem Kopf rasten. Wut, Hass und Verzweiflung quälten mich. Ich überlegte, was ich tun sollte: den Hörer auflegen, um nichts mehr hören zu müssen? Meinen Exmann umbringen, weil er mir die Nachricht vom Tod meines Sohnes überbracht hatte? Weil ich ihn für mitschuldig hielt an Michaels Tod? Und gleichzeitig die Erkenntnis: Auch Marco trauert um sein verlorenes Kind. Letztendlich meinte Marco: „Nadine, wir können nichts mehr tun." Und ich dachte für mich: *Ende der Geschichte. So einfach ist das also. Eben hat man noch gelebt, dann ist man tot. Eben war die Haut noch warm, dann wird sie kalt.*

Es hätte noch so vieles zu sagen gegeben, aber im Endeffekt herrschte das Schweigen.

Auch ich blieb stumm am Telefon. Merkwürdigerweise war ich ganz ruhig. Ich stellte mir die Frage, was das Leben vom Tod trennte. In dem einen Moment ist man noch voller Leben, schon im nächsten ist man tot. Man liebt nicht mehr, weiß nicht mehr, dass es Sommer ist oder dass sein Kind vor vier Stunden geboren wurde, beinahe in dem Moment, in dem man für immer die Augen schloss. Michael würde seine Tochter niemals in seinen Armen halten.

Mein Exmann wusste nicht mehr, was er mir noch sagen sollte. Seine sinnlosen Worte prasselten auf mich herab, rissen mich mit sich fort wie eine Orkanwelle, der man hilflos ausgeliefert ist. Ich wusste nicht, ob ich anfangen sollte, zu brüllen, alles um mich herum kurz und klein zu schlagen, oder ob ich auf Marco losgehen sollte, der doch 270 Kilometer von mir entfernt war. Stattdessen gab ich mechanisch Antworten auf Marcos ungeduldige Fragen, sagte „Danke" oder „Entschuldigung", denn ich war ja höflich und gut erzogen worden. Dabei hatte ich mich daran gewöhnt, ständig Angst davor zu haben, unangenehm aufzufallen, zu stören oder jemandem lästig zu sein. Ich war in meinem Leben so zurückhaltend geworden, dass ich noch nicht einmal den Mut aufbrachte, Marco zu fragen, wo und wie genau Michael gestorben war. Oder war es mir entgangen? Zudem hatte ich Angst, Marco werde antworten, dass dies ja nun wirklich nicht so wichtig sei.

Vielleicht wollte ich mir aber auch nur weitere Demütigungen ersparen. Es hatte mich bereits hart genug getroffen, dass Inez an meiner Stelle zum Leichenschauhaus gegangen war, um meinen Sohn zu identifizieren. Heute ist mir bewusst, dass mir in dieser Situation das Recht darauf entzogen worden war, zu wissen, wie mein Sohn nach dem Unfall aussah. Inez hatte dieses Recht übernommen. Es ist etwas, das ich Marco niemals verzeihen kann. Ich glaube, dass außer mir kein Mensch auf dieser Welt das Recht hatte, mein totes Kind zu identifizieren, schon gar nicht eine fremde Frau, die meinen Sohn nie hatte leiden können.

Doch zu jenem Zeitpunkt wusste ich gar nichts. Ich wusste noch nicht einmal, dass Michaels Freundin auch im Auto gewesen war, dass sie bei dem Unfall schwer verletzt wurde und später per Kaiserschnitt im Krankenhaus ihr Kind auf die

Welt gebracht hatte. Als sich der Unfall ereignete, war Teuta im siebten Monat schwanger gewesen.

Michael hatte mich verlassen. Er hatte mir nicht Lebewohl gesagt. Ich konnte all das nicht fassen, vor allem nicht, dass mein Sohn ohne ein Sterbenswörtchen von mir gegangen war. Ich konnte einfach nicht begreifen, dass ich bei seinem Sterben nicht anwesend war und ihn nicht ein letztes Mal hatte umarmen können.

Zu der Zeit von Michaels tödlichem Unfall machten meine Tochter Sophie und mein Schwiegersohn Antonio gerade in Italien Urlaub. Ich saß vor meinem Telefon und überlegte, wie ich es meiner Tochter beibringen könnte, dass sie ab jetzt keinen Bruder mehr hatte.

Auf einmal wurde mir schwindelig. Mein Kopf kippte immer wieder nach vorn, und ich konnte plötzlich nichts mehr sehen. Es fiel mir schwer, das Gleichgewicht zu halten und auf meinem Stuhl sitzen zu bleiben.

Niemand kann sich vorstellen, wie schwer es mir fiel, meine Tochter anzurufen. Aber ich musste sie doch informieren.

Nachdem ich die Nummer herausgesucht hatte, stand ich immer noch so unter Schock, dass ich kein Telefon bedienen konnte. Ich wusste in dem Moment auch gar nicht recht, wen ich eigentlich anrufen sollte. Wie sollte ich es Sophie nur beibringen?

Es war Freitag, der 21. Juni 2002. Seit 3.20 Uhr lief ich in meiner Wohnung auf und ab, trank Kaffee und weinte. Dann entschloss ich mich endlich, Sophie anzurufen und es hinter mich zu bringen. Ich versuchte, nicht zu weinen und einen klaren Kopf zu behalten.

Antonio ging ans Telefon. Ich fragte ihn, ob ich mit meiner Tochter sprechen könnte.

„Nadine, was ist los so früh am Morgen?", wollte Antonio wissen. Ich musste ihm einfach die Wahrheit sagen.

„Antonio, Michael ist diese Nacht gestorben. Es tut mir leid, dass ich dir das am Telefon sagen muss. Aber ihr müsst nach Hause kommen."

Darauf antwortete er nur: „Nadine, geht es dir gut? Sag mir, dass es nicht stimmt, was du mir gerade gesagt hast. Wie soll ich das Sophie sagen?"

Dann kam meine Tochter ans Telefon und rief immer wieder: „Wer ist gestorben? Wer ist gestorben?"

Ich konnte ihr keine Antwort geben. Ich hatte Angst, ihr den Namen ihres Bruders zu nennen. Was sollte ich jetzt tun? Ich wollte nicht, dass meine Tochter dies am Telefon erfuhr. Doch sie war hartnäckig und stellte immer wieder die eine Frage: „Wer ist gestorben, Mama?"

Und ich antwortete: „Michael."

„Dein Bruder ist heute Nacht gestorben! du hast keinen Bruder mehr! Komm bitte nach Hause!" Als ich diese Worte ausgesprochen hatte, hörte ich den Schrei meiner Tochter, so jämmerlich und elend, dass ich gegen die Rückwand meiner Küche fiel.

Ich hatte es ausgesprochen. Ich hatte die rücksichtslosesten und grausamsten Worte gesagt, die es gab – in einem Satz. Sowohl das Wort „Michael" als auch das Wort „Tod". Diese schrecklichen Sätze waren aus meinem Mund gekommen. Nichts würde jetzt jemals wieder so sein, wie es einmal war. Auch für meine Tochter nicht.

Ihre Schreie waren nicht zu ertragen. Ich beendete sofort das Telefonat und fing an, zu weinen. Die Tränen flossen und flossen, ich konnte sie nicht mehr aufhalten, ließ sie einfach aus mir herausströmen.

Eine neue Zeit hatte für uns alle begonnen. Wir mussten lernen, zu überleben, das Leben weiterhin zu gestalten – aus der Kraft heraus, die Schmerzen zu ertragen.

Ich hatte große Angst davor, meine Tochter wieder zu sehen. Ich wusste nicht, was ich ihr sagen sollte, wenn ich ihr erst einmal gegenüberstand. Ich hatte Angst davor, dass ich meinen Körper und meinen Geist nicht mehr würde steuern können. Ich wäre am liebsten davongerannt, aber eine alte Weisheit sagt: „Willst du dem Tod davonrennen, ist er schneller als du. Willst du ihn bekämpfen, ist er stärker als du." Darum setzte ich mich in meiner Vorstellung mit ihm an einen Tisch, sah in an und fragte: „Was willst du?" Ich glaube, er wollte mein bester Freund werden, und ich muss sagen, er hat es geschafft, denn seit jener Zeit gehört das Wissen um den Tod zu meinem Leben.

Der Tod hatte bis zu Michaels Tod immer zu jenen Dingen gehört, die mich nichts anzugehen schienen. Aber jetzt kam er mir und meiner Familie plötzlich allzu nahe. Es war, als stünde die Erde für einen Moment still, als würde sie sich kurzfristig nicht mehr um ihre eigene Achse drehen.

Als mein Mann mich am 21. Juni 2002 um 10 Uhr morgens zum Arzt brachte, kam es mir sehr merkwürdig vor, dass um uns herum Geschäftigkeit auf den Straßen herrschte und die Ampeln in gewohnter Regelmäßigkeit von Rot auf Grün wechselten. Vögel saßen in ihren Bäumen vor Fenstern und sangen ihre vertrauten Lieder. Menschen lachten und hetzten sich mit ihren Angelegenheiten, die doch gar nicht zählten, ab. Ganz so, als wäre nichts geschehen.

Wenn man erfährt, dass ein Mensch, den man liebt, gestorben ist, dann ist das so, als würde die Zeit einen Schlag lang aussetzen. Und sobald die Uhr wieder zu ticken beginnt, ist alles ganz anders. Nichts ist mehr wie zuvor. Die eigene Stimme scheint einem Fremden zu gehören. Der Blick bleibt an Gegenständen haften, die man sonst nie bemerkt hätte. Und wenn der Mensch, der gestorben ist, das eigene Kind war, dann kann man sich von diesem Schmerz nie wieder befreien. Nie wieder wird das Leben so sein wie vorher. Das ist ein unvergängliches Leid.

Wenn ich daran zurückdenke, bin ich erstaunt, was für ein sorgloses Leben, welch eine schöne Zeit wir damals miteinander verbringen durften – im Vergleich zu meinem Leben heute. Merkwürdigerweise hatte ich schon damals Angst, dass ich eines Tages meinen Sohn Michael verlieren könnte.

Vier Wochen vor Michaels Tod sprach ich in einem Gebet zu Gott darüber. Das werde ich nie vergessen. Ich lag in meinem Garten, es war der 14. Mai 2002, schaute in den Himmel und sagte: „Gott, bitte beschütze meine Kinder vor allem Bösen auf dieser Welt. Und noch etwas, ich habe Angst um meinen Sohn Michael. Bitte nimm ihn mir nicht weg, denn das wäre wahrscheinlich das Einzige, was ich nicht ertragen könnte."

Und doch ist mein Kind gestorben.

Warum, Gott? Warum schenkst du Leben, wenn du es dann wieder nimmst? Ich verstehe dich nicht! Gott, dass du Dir das auch noch selber angetan hast! Deinen Sohn hast du hingegeben für das Glück der Welt, für das Wohlergehen der Menschen, die auch Deine Kinder sind. Ja, ich hätte auch alles hingegeben für das Glück meines Kindes, aber das Kind selbst hätte ich nie hingegeben. Was du da getan hast, ist ungeheuer, nie zu ergründen. Hättest du in Deiner Allmacht nicht einen anderen Weg zum Glück finden können? Ich verstehe dich nicht! Oder hast du Deinen Sohn hingegeben, damit ich Dir heute nicht vorwerfen kann, du hättest keine Ahnung vom Leid der Menschen durch den Tod?

In jener Nacht, als ich von Michaels Tod erfuhr, war ich zum Glück nicht allein. Mein Mann Julien war bei mir. Leider wusste auch er nicht, was er sagen sollte. Er hatte Angst, genauso wie ich. Irgendwann meinte er dann: „Nadine, ich glaube, dein Leben wird sich jetzt grundlegend ändern. Ich weiß, dass ich dir jetzt nicht viel helfen kann, aber bitte, ich bin da. Und Sophie und Antonio werden auch bald da sein. Wir müssen auch deinen Eltern Bescheid sagen, was passiert ist."

Auch das noch. Ich glaubte, nicht mehr weiterzukönnen. Ich hatte schon, als ich die Nachricht von Michaels Tod meinen Schwestern beibrachte, keine Stimme mehr gehabt. Aber jetzt … noch meine Eltern … nein, das konnte ich nicht. Ich erklärte Julien, dass es meine Schwestern übernehmen müssten, unseren Eltern die traurige Wahrheit zu sagen. Sie wollten am Nachmittag eintreffen. Ich würde dann lediglich mit ihnen zu unseren Eltern fahren. Alleine hätte ich sowieso nicht hinfahren können, da ich vom Arzt eine Beruhigungsspritze bekommen hatte.

Julien schaute mich traurig an. Auch er wusste nicht weiter. Die Angst vor dem Tod hatte auch ihn in jener Nacht befallen. Ich war nach Michaels Tod einfach nicht mehr ich selbst gewesen, die Frau, die Julien kennen und lieben gelernt hatte. Meine Gedanken und Gefühle schienen in jener Zeit ständig Achterbahn zu fahren. Ich wusste nicht, wohin mit mir selbst. Es gab keinen Zufluchtsort für mich, auch nicht bei Julien.

Meine beiden Schwestern kamen gegen 16 Uhr. Ich konnte nicht sprechen. Ich hätte auch gar nicht gewusst, was ich sagen sollte. In mir war nur noch Raum für meine Tränen. Wir drei sahen uns schweigend an und wussten auch ohne Worte, was wir in diesem Moment fühlten. Als meiner jüngsten Schwester Claire das schwarze Kleid auffiel, das ich trug (es war ihr Kleid, das ich einmal von ihr geliehen und nicht zurückgegeben hatte), erstarrte sie kurz und fing dann an, zu weinen. Sie ließ ihren Kopf auf meinen Schoß sinken und hielt mich fest. Meine andere Schwester, Laure, konnte auch erst einmal nichts sagen. Nach längerem Schweigen bemerkte sie, dass es Zeit sei, nun zu unseren Eltern zu fahren.

Dort angekommen, freute sich meine Mutter unglaublich darüber, ihre drei Töchter zusammen zu sehen. Sie kannte den Hintergrund unseres Besuches ja noch nicht. Ahnungslos fragte sie: „Na, Mädels, geht ihr zum Einkaufsbummel?"

Ich war wie gelähmt. Am Ende des Tisches in der Küche sah ich meinen Vater an seinem gewohnten Platz sitzen. Auch er freute sich und lächelte uns an. Meine Schwester Laure warf Claire einen Blick zu. Mir kam es so vor, als gäben sie sich ein vorher verabredetes Zeichen, unseren Eltern jetzt die schlechte Nachricht zu überbringen. Claire ging zum Stuhl meines Vaters, umarmte ihn und bat ihn, aufzustehen. „Vater, ich muss dir etwas sagen!" Im selben Augenblick ging Laure auf unsere Mutter zu und nahm sie in den Arm. Meine Knie wurden weich, und ich ließ mich auf einen Stuhl sinken. Es klang wie ein Chor, als meine Schwestern unseren Eltern erklärten, dass ihr Enkelsohn in dieser Nacht verstorben war. Mein Vater schrie auf und taumelte. Mutter rief verzweifelt: „Das ist nicht wahr!" Beide schauten mich entsetzt an. In diesem Moment war niemand mehr eines Wortes fähig. Es war ja auch zu spät. Man konnte sowieso nichts mehr machen. Michael war tot und lag weit von uns entfernt allein im kalten Leichenschauhaus. Ich saß zwar am Tisch meiner Eltern, aber eigentlich war es nur meine Hülle, die anwesend war. Mein

Geist schien in ein tiefes, gefühlloses Koma gefallen zu sein. Ich wollte wieder nach Hause gehen. Ich konnte es nicht mehr länger ertragen, bei meiner Familie zu sein. Doch ich blieb sitzen.

Nach einer Weile sagte mein Vater leise zu mir: „Nadine, du hast kein Glück in deinem Leben." Und so empfand ich auch. Meine Mutter fragte mich, was ich jetzt tun würde. Zu den anderen sagte sie: „Schaut in das Herz dieser Mutter!" Heute weiß ich, was sie damit sagen wollte:

Mein Herz war gebrochen worden, meine Seele gepeinigt von der Trauer um mein totes Kind, von der Erkenntnis, loslassen zu müssen, wo ich doch viel lieber festhalten und beschützen wollte.

Wie in Trance war meine Mutter bemüht, sofort in den Alltag zurückzukehren. Sie bat uns zu Tisch, damit wir essen könnten. Wir folgten ihrer Bitte.

Ich beobachtete Mutter und fragte mich, ob sie tatsächlich schon realisiert hatte, was sie gerade erfahren hatte. Sie schien nach ihren anfänglichen Worten über die Trauer hinwegzugehen, sich zu arrangieren mit dem Geschehenen, sich davor zurückzuziehen.

Wir saßen noch eine lange Weile beisammen, doch niemand von uns war in der Lage, einen Bissen zu essen. Mutter fing an, zu erzählen, und alle hörten zu: „Ich erinnere mich an Michaels ersten Geburtstag. Es war ein kalter Novembertag, das werde ich nie vergessen. Es schneite, und Opa sagte zu mir: ‚Warte noch mit dem Kaffeetrinken, Oma, ich habe da erst noch eine Überraschung für unser Geburtstagskind.' Dann nahm Opa Michael in die Arme und ging mit ihm in den Garten. Dort angekommen, sagte Opa zu Michael: ‚Schau, Michael, das ist Schnee', und streute ihm ein paar Flocken auf seine Hand.

Michael fing an, zu schreien und zu weinen, weil es das erste Mal war, dass er in seinem Leben bewusst mit Schnee in Berührung kam. Der Schnee war zu kalt für ihn, und er hatte Angst. Opa versuchte, Michael davon zu überzeugen, dass Schnee etwas sehr Schönes sein kann. Nach zehn Minuten kamen die beiden wieder ins Haus. In Michaels Hand lag ein Schneeball. Alle lachten herzlich über seine neue Entdeckung. So war Michael: erst ängstlich, dann witzig, erst weinte er immer, nur um danach zu lachen."

Ich hörte meiner Mutter zu, und in jenem Moment wurde mir klar, dass man über meinen Sohn Michael schon in der Vergangenheit sprach. Ich erkannte, dass der Tod allgegenwärtig ist, dass er zum Leben gehört. Er kann uns von einem Augenblick zum nächsten alles rauben. Er führt uns aber auch vor Augen, wie kostbar jeder Augenblick des Lebens ist, gerade weil wir vergänglich sind.

Alle starrten mich an. Ich hingegen sah mich verloren im Zimmer um. Es war alles wie immer, nichts hatte sich verändert, außer dass mein Michael nie wieder an diesem Tisch sitzen würde. Nie wieder würde er hier essen oder den Geschichten aus der Jugendzeit seiner Großeltern lauschen.

Vor allem mit seinem Großvater hatte Michael stets ein sehr enges Verhältnis gehabt. Sie waren zum Beispiel unzertrennlich, wenn es darum ging, miteinander zu boxen oder gemeinsam einen Ausflug zum Markt zu machen. Ich glaube, mein Vater hätte sich einen Sohn, wie Michael es war, gewünscht, denn Michael war sehr anhänglich. Ihn trieb eine gesunde Neugier an, ständig Dinge zu erfragen und neues Wissen zu gewinnen. Auch holte er sich gerne Ratschläge bei seinem Großvater, die dieser ihm natürlich nur zu gern erteilte.

Plötzlich erinnerte ich mich an die Worte, die mein Vater zu Michael gesagt hatte, als dieser voller Stolz sein neues Auto, das ihm am Ende zum Verhängnis wurde, präsentiert hatte: „Oh Michael, sei bitte vorsichtig und mach uns keinen Kummer!" Er hatte Michael stets dazu ermahnt, langsamer zu fahren. Aber was nützen solche Worte einem temperamentvollen, lebenshungrigen Jungen? Ich frage mich, ob Vater damals das Unheil ahnte?

Das in der Dämmerung langsam fallende Licht blendete mich. Ich glaubte mich plötzlich von Nebel umgeben und fror. Ich fühlte mich orientierungslos und sehr schwach. Wahrscheinlich war das eine Reaktion meines Körpers auf den Schockzustand, in dem ich mich befand. Ich wollte nach Hause, wollte allein sein, den Gesprächen, dem So-tun-als-ob-nichts-geschehen-Wäre oder dass das Leben trotzdem weitergehen müsste, entkommen. Ich fragte mich: Wozu das alles noch? Wo war hinten, und wo war vorn? Hatte ich überhaupt noch ein Zuhause? Oder war mit dem Tod meines Sohnes auch mein Leben erloschen?

Am Tisch meiner Eltern hörte ich all die Worte im Gespräch der anderen, die ich nicht hören wollte: Schicksal, Weg, Verlassen, Jenseits und Frieden. Ich hasste diese Worte, die alles und nichts besagten, die Trost sein sollten, wo es keinen Trost gab.

In diesem Moment hasste ich die ganze Welt und entwickelte auch einen Hass auf mich selbst, da ich mir die Schuld am Tod meines Sohnes gab. Ich hatte ihn geboren. Ich trug die Schuld an seinem Unglück. Ja, dachte ich, wäre ich niemals in diese Welt gekommen, dann wäre mein Sohn gestern nicht in den Tod gefahren.

Laure riss mich aus meinen Gedanken. Es war endlich Zeit, nach Hause zu fahren. Es würde nicht mehr lange dauern, bis meine Tochter mit ihrem Mann aus Italien zurückkommen würde.

Meine Tochter und mein Schwiegersohn trafen spät am Abend ein. Ich überlegte schon vorher, was ich ihnen enthüllen könnte, was sie nicht schon längst wussten. Was wäre, wenn ich einfach vor ihnen stünde und gar nichts sagen würde? Weil ich nämlich nichts mehr sagen konnte. Weil ich auch nichts mehr zu sagen hatte. Ich fragte mich, was wäre, wenn wir uns einfach einen Augenblick des Schweigens gönnen würden. Es wäre unser gemeinsames Schweigen. Ob Michael es hören würde? Es würde jedenfalls intensiver sein als alle Worte der Welt. Der Luxus des Schweigens – damit, dachte ich, könnten wir Michael vielleicht noch einmal erreichen.

Noch während ich in meiner Küche stand und mir all diese Gedanken durch den Kopf gingen, verlor ich kurz das Bewusstsein. Ich weiß nicht mehr, was dann geschah, doch ich erwachte in meinem Bett aus der Ohnmacht. Meine Schwester Claire hatte den Rettungsdienst alarmiert, und die Sanitäter hatten mir eine weitere Beruhigungsspritze verabreicht.

Dann kam erneut ein bitterer Moment des Schicksals: Sophie und Antonio betraten das Haus. Ich lag immer noch benommen im meinem Bett und bat meinen Schwager Toma, der mittlerweile auch eingetroffen war, mir beim Aufstehen zu helfen. Ich ging zur Tür und begrüßte meine Tochter. Sie sah mich an, ohne mich zu sehen, und lief sofort in mein Arbeitszimmer, weil sie wusste, dass auf meinem Schreibtisch ein Bild meiner Kinder stand. Sophie nahm das Foto, auf dem sie mit Michael zu sehen war. Sie drückte den Rahmen fest an ihr Herz und weinte bitterlich. Antonio stand sprachlos im Raum. Trauer und Fassungslosigkeit legten sich über uns alle, die wir uns in meinem Heim versammelt hatten.

In den folgenden Tagen und Wochen fragte ich mich immer wieder: Wer bin ich denn? Ein Fremder in einer fremden Welt.

Ich fing an, Trost in der Bibel zu suchen. Es stellt sich nach dem Tod eines geliebten Menschen notwendigerweise die Frage, was mit seiner Identität nach dem Tod geschieht. Wird sie zerstört? Existiert sie in einer neuen Form in einer anderen Dimension weiter? Diese und andere Fragen verfolgten mich ununterbrochen: Lebt er noch? Wie lebt er? Wo lebt er? Wie sieht er jetzt aus?

Ich dachte: Gott besitzt jetzt mein Kind. Er hat ihn mir aus den Armen gerissen. Also muss ich versuchen, mich IHM zu nähern. ER war doch der Einzige, der mir meine Fragen beantworten konnte. An wen sonst sollte ich mich wenden? Denn ER allein, heißt es, habe Worte des ewigen Lebens. Irgendwie hoffte ich, Gott würde mir einen neuen Weg zu meinem Kind zeigen.

Von da an wurde Gott auf eine neue Art und Weise zum Zentrum meines Lebens.

Es war Samstag, der 22. Juni 2002, als meine Tochter, ihr Mann und ich in Stuttgart ankamen. Meinen Sohn würde ich vor Dienstag nicht sehen können, da er in der Gerichtsmedizin zur Obduktion war und seine Leiche noch nicht freigegeben war.

Die Vorstellung, wie Menschen in grünen Kitteln meinen Sohn mit ihrem Skalpell aufschnitten, war für mich grauenhaft und schmerzvoll.

Wir fuhren zur Wohnung meines Exmannes. Wir waren seit 1986 geschieden, und unser Verhältnis war dementsprechend abgekühlt. Der Kontakt zwischen uns bestand allein wegen des Kindes. Ich fühlte mich wie ein Eindringling.

Überall in der Wohnung waren Stimmen. Fast alle Familienmitglieder waren schon da!

Ich wollte nicht dort bleiben. Ich wollte in dieser Wohnung nicht mehr sein. Sie trug den Geruch des Unglücks. Jedenfalls empfand ich es damals so, denn schon vorher wähnte ich mein Kind dort stets in Gefahr. Warum, das kann ich heute nicht mehr mit Bestimmtheit sagen, aber die alles überschattende Lieblosigkeit des Umfelds warf ihre Schatten voraus.

Dann kam Marco zu mir und fragte mich so unvermittelt, dass ich bis heute noch nicht weiß, was ich davon halten soll: „Willst du den Unfall von deinem Sohn sehen? Willst du sehen, wie er starb? Warte, ich komme gleich und zeige es dir." Noch brutaler ging's wohl nicht mehr!

Ich spürte auf einmal große Angst. Mein Herz verkrampfte sich.

Marco kam mit der Stuttgarter Tageszeitung, öffnete sie und warf sie vor mir auf den Tisch. Dazu sagte er: „Hier! Schau! Jetzt ist es so weit!"

Ohne etwas zu erwidern, schaute ich auf das Unfallfoto: mein Sohn, noch in dem schrecklich zusammengepressten Auto, sein Kopf auf dem Lenkrad. Ich wusste sofort, dass mein Kind auf diesem Bild bereits tot war.

Ich spürte eine unbändige Wut in mir aufsteigen. Ich hatte mich vor 15 Jahren von meinem Exmann getrennt und meinen Sohn mit ihm gehen lassen. Michael war fünf Jahre alt, als Marco ihn quasi in einer Nacht-und-Nebel-Aktion mit sich nach Stuttgart genommen hatte. Im Lauf der Jahre hatte es sich so entwickelt, dass Michael gern bei seinem Vater geblieben war. Doch ich wollte immer, dass Michael wieder zu mir nach Hause kommt, wollte nicht, dass mein Kind in Stuttgart bleibt. Warum hatte Michael nicht rechtzeitig verstanden, dass er dort nicht leben konnte?

Immer wieder hatte es in den vergangenen Jahren Probleme gegeben, auch wegen Inez, der neuen Frau meines Exmannes. Michael hatte wohl schon öfter den Entschluss gefasst, Stuttgart zu verlassen, um wieder zu mir ins Saarland zurückzukehren. Damals hatte ich schon die böse Vorahnung, dass Stuttgart ihm irgendwann zum Verhängnis werden würde. Warum konnte ich das nicht verhindern? Was habe ich versäumt, zu tun? Ich wusste doch, dass es Michael dort nicht gutgehen konnte. Immer wieder sah ich vor mir, dass er in dieser Stadt keine Zukunft hatte. Er war stets so bedrückt gewesen, so traurig. Ständig fühlte er sich hin und her gerissen, zwischen seinen Eltern, zwischen seiner Mutter, die er als witzig und peppig, wenngleich als erzieherisch sehr genau empfand, und seinem Vater, in dem er den Helden sah, der alles möglich machen konnte. Aber trotz allem waren sein soziales Umfeld und seine Freunde in Baden-Württemberg, auch wenn Stuttgart für mich immer ein Ort war, an dem kein Sonnenstrahl und keine Menschlichkeit zu erwarten waren, denn ohne Herzlichkeit füreinander sind die Menschen einfach nur berechnend. Michaels Leben in Stuttgart empfand ich immer als banal, irgendwie steril und vor allem sehr lieblos. Ich wusste, dass Michael einige für das Leben essenzielle Dinge dort fehlten.

Dienstag, 25. Juni 2009. Im Leichenschauhaus

Nach fünf Tagen wurde die Leiche meines Sohnes zur Beerdigung freigegeben. Niemals werde ich dieses Bild vergessen, wie ich Michael in seinem Sarg liegen sah. Am Dienstag, dem 25. Juni 2002, um 17 Uhr sollte mein Sohn in der Leichenhalle aufgebahrt werden.

Meine Tochter und ich waren bereits am frühen Mittag in Stuttgart angekommen. Der Weg dorthin war eine meiner schlimmsten Reisen überhaupt. Während der ganzen Fahrt ließ mich ein Gedanke nicht los: Ich möchte ihm folgen, ich

35

möchte Michael folgen. Ich möchte nicht ohne ihn hier zurückbleiben, ich will von ihm hier nicht zurückgelassen werden. Gleichzeitig ergriff mich große Scham darüber, wie ich so etwas überhaupt denken und fühlen konnte. Ich hatte doch noch ein Kind, das ich liebte und das mich genauso brauchte. Ich hatte noch Aufgaben auf dieser Welt. War ich denn ein Unmensch?

Ich hatte Angst von dem Wiedersehen mit Michael. Ich wusste doch gar nichts über den Tod, ich wusste auch nicht, was passieren würde, wenn er im Leichenschauhaus ankommt.

Dann war es auf einmal so weit. Die komplette Familie sowie alle Angehörigen und Freunde hatten sich versammelt, um sich von Michael zu verabschieden. Ich setzte mich auf eine Bank vor der Leichenhalle und fühlte mich, als würden meine Füße dort Wurzeln schlagen wollen, sodass ich nie wieder aufstehen und diesen Ort verlassen könnte.

Dennoch musste ich mich mit dem Tod konfrontieren, wenn ich meinen Sohn noch einmal sehen wollte. Auch, wenn es mir unendlich schwer fallen würde, meinen Michael anzuschauen, der Zustand, in dem er sich befand, war von jetzt an die Realität. Ich würde also durch die geheimste Türe meines Lebens gehen müssen.

Mein Tochter Sophie und ihr Vater gingen als Erste hinein. Ich wollte später, nach ihnen, allein zu meinem Kind gehen. Als die beiden endlich wieder aus der Leichenhalle kamen, konnte ich nicht mit ihnen sprechen. Mit langsamem Schritt ging ich die Stufen unseres Schicksals hinauf. Wenn ich an dieser Stelle „unseres" schreibe, so meine ich das Schicksal von mir und meinem Kind, das da lag und das mir nicht mehr „Adieu, Maman!" sagen konnte. Von nun an war ich also nicht mehr die Mutter eines Sohnes, denn von nun an war ich ohne meinen Mikey, wie ich ihn immer genannt hatte.

Meine Beine zitterten. Je näher ich der Tür der Leichenhalle kam, umso mehr Angst bekam ich vor dieser Begegnung. Ich fragte mich, was ich wohl jetzt gleich vorfinden würde? Wie würde Michael aussehen?

Dann war ich an der Tür der kleinen Kapelle und öffnete sie. „Oh große Mutter Gottes, nein!" Niemals werde ich tiefer fallen als an jenem Tag, in jenem Augenblick. Ich sah meinen Mikey da liegen, in seinem Sarg!

Mein Unterleib fühlte sich an, als würde er von seiner eigenen Muskulatur zerrissen. Mein ganzer Körper war angespannt und zitterte. Alles, was ich denken konnte, war: Ich wünschte, du könntest noch einmal hören, wie ich mit bebender Stimme deinen Name rufe! Ich wünschte, du könntest noch einmal deine Augen aufmachen, um mir zu sagen, dass dein Herz noch schlägt! Und um mir zu sagen: „Lass uns nach Hause gehen, Mama!"

Der Mensch bewältigt vieles, wenn das Leben nicht so vonstattengeht, wie er es gern gewollt hätte. Man kann wild sein wie ein Teufel, fluchen und wütend werden, um sich schlagen. Aber wenn es zu Ende geht, muss man das Leben loslassen.

Ich stand in der Leichenhalle vor dem Sarg meines Sohnes und schaute ihn an. Ich konnte nichts sagen, mich nicht mehr bewegen. Er lag da, still, mit gekreuzten Händen, in einem blauen Anzug, den ich ihm im letzten Sommer gekauft hatte. Michael hatte den Anzug sehr gern getragen, er wirkte darin wie ein Bräutigam. Ich zweifelte in jenem Augenblick daran, dass er wirklich tot war. Seit damals, als Mikey auf die Welt gekommen war, hatte ich immer Angst davor, dass mein Kind sterben könnte. Als Michael noch ganz klein war, stand ich jede Nacht auf, ging an sein Bettchen und legte mein Ohr auf sein Herz, um zu hören, ob es noch schlägt. Ich tat das sehr lange. Doch damals wusste ich nicht, warum ich immer Angst hatte. Heute weiß ich es.

Ich glaube, dass ich damals schon ahnte, dass mein Kind nicht alt werden würde. Als ich vor seinem Sarg stand und über die Vergangenheit nachdachte, beugte ich mich noch ein letztes Mal über ihn, in der Hoffnung, sein Herz möge genau so ruhig und munter schlagen wie früher. Aber das Herz meines Mikey schlug nicht mehr …

Nichts im Leben schmerzt so sehr wie falsche Erwartungen. Alles, was ich jetzt noch tun konnte, war, ihn anzuschauen und zu sagen: „Mikey, jetzt bist du von mir gegangen. Wie konnte das passieren? du kommst nicht mehr zurück! Ich wünschte mir, dass dein Leben nicht so hektisch gewesen wäre, dass es besser im Schneckentempo abgelaufen wäre. Wäre nicht ein weiteres Leben angebracht, damit du deine Ziele doch noch erreichen kannst?"

Alles war! Alles ist! Alles umsonst! Michael kann mir keine Kraft mehr geben. Er ist zu meinem Schmerz geworden. Das Leben ist ein langes Verfahren, bei dem man müde zu werden droht, und ich war damals sehr müde.

Eines wusste ich jedoch, als ich meinen Mikey anschaute: Es würde sehr schwer für mich werden, wieder glücklich zu sein auf dieser Welt, denn beim Anblick des Elends verliert man all sein Glück, und man denkt, es sei für immer. Ich dachte, es sei für immer, zumindest für so lang, bis ich selbst einmal da liegen würde wie mein Mikey.

Plötzlich fiel eine Mauer. Eine Schale zersprang. Als ich Michael anschaute, wusste ich, dass das Leben uns geschafft hatte, anstatt dass wir das Leben schafften. Wir wurden vom Schicksal hart gebeutelt, zumindest denke ich, dass man es so nennen kann, wenn man durch diese Tür gehen muss. In diesem Moment konnte ich weder meinen Körper noch meinen Geist selbstständig lenken und leiten.

Mittwoch, 26. Juni 2002. Michaels Beerdigung

Die folgende Nacht verbrachte ich im Haus meines Exmannes, im Zimmer von Michael. Als ich das Zimmer betrat, hatte ich das Gefühl, dass alles noch so war, wie er es damals vor sechs Monaten verlassen hatte. Damals war Michael mit seiner Freundin Teuta zusammengezogen. Ich schaute mich im Zimmer um. An der Wand hingen ein paar Bilder seiner Schwester Sophie. Auf seinem Schreibtisch lagen Kugelschreiber, Papier und sogar ein paar Schuhe. Auch ein alter Computer stand darauf. Dann öffnete ich seinen Kleiderschrank. Ein paar wenige alte Kleidungsstücke lagen noch darin. Auf seinem Kissen im Bett konnte ich noch sein Eau de Toilette riechen.

Ich blieb ein Weilchen stehen und blickte nachdenklich vor mich hin. Mein Herz taumelte von Erinnerung zu Erinnerung. Ich dachte bei mir, dass es gegen Ende eines Lebens zugeht wie auf einem Maskenball: Letztendlich werden alle Masken abgenommen, und man sieht, wer und wie ein Mensch, mit dem man in Berührung gekommen ist, während seines Lebens wirklich war.

Gegen 23 Uhr legte ich mich hin, um zu schlafen, doch schon um 00.35 Uhr wurde ich von massiven Herzschmerzen wach. Mir war kalt, und ich wusste zunächst nicht, wo ich mich befand. Dann erinnerte ich mich, dass ich im Bett meines Kindes lag. Ich sah meinen Mann Julien neben mir. Auch er wurde wach und fragte besorgt, was mit mir los sei: „Nadine, was ist mit dir? du bist ganz nass. Was hast du?"

Doch statt ihm zu antworten, wollte ich nur wissen: „Wo ist Mikey?"

Julien erfasste die Situation eher als ich und fragte, wo die Tabletten seien, die der Arzt mir verschrieben hatte.

„In meiner Tasche."

Doch wo war die Tasche? Sie war nicht da, und ich wusste auch nicht, wo ich sie hingestellt hatte. Also ging Julien nach unten, um die Tasche zu suchen. Als er wieder zurückkam, reichte er mir ein Glas Wasser und eine Tablette: „Hier, bitte nimm das."

Ich schluckte die Tablette artig hinunter und schaute Julien dann hilflos an. Er nahm mich in die Arme, wiegte mich und murmelte sanft: „Komm, schlaf jetzt."

Doch ich fragte nur wieder und wieder: „Wo ist Mikey?"

„Mikey ist tot, Nadine. Bitte, schlaf jetzt."

„Nein, nein, das kann nicht wahr sein. Mein Mikey ist nicht tot!"

Das wiederholte sich, und ich war erschöpft vom ständigen inneren Hin und Her zwischen Tod und Leben, bis ich endlich wieder eingeschlafen war. Warum geschieht nicht alles so, wie man es sich wünscht?

Der grausamste Tag meines Lebens

Der Sarg ist errichtet, die Blumen arrangiert!

Ein klarer Himmel versprach einen wunderschönen Junitag. Es war der 26. Juni, mitten im Sommer, und an diesem schönen Tag sollten wir meinen Sohn beerdigen.

Alles, was mir bis heute bleibt, sind die Erinnerungen und meine Gefühle.

Der Weg, der damals vor mir lag, war lang und weit, und kein Mensch konnte auch nur einen Schritt davon für mich gehen. Doch ich wusste, dass zumindest Michael mich schweigend und still auf diesem Weg begleiten würde und dass er alles, was mein Herz bewegt, mit mir teilen würde.

An jenem Morgen allerdings fühlte ich nichts. Dennoch wollte ich für meinen Mikey gepflegt aussehen. Das war meinem Sohn immer wichtig gewesen, und Michael würde es mir bestimmt nicht verzeihen, wenn es an diesem Tag anders wäre.

Nachdenklich breitete ich ein schwarzes Kleid aus und fluchte leise vor mich hin, ich wirkte farblos bis auf das Rot meiner geschwollenen Augen, dazu das Grau meines traurigen Herzens!

Ich trauere um unsere kleine glückliche Zukunft, um unsere Träume, die wir noch hatten und die ab sofort nicht mehr sind! Dann zog ich mich ins Badezimmer zurück.

Auf dem Flur begegnete mir Marco. Wir sahen einander kurz an, fanden aber keine Worte.

Nach der Dusche versuchte ich, Make-up aufzutragen. Es gelang mir nicht. Ich betrachtete mich lange im Spiegel: Ich fühlte, dass auch ich innerlich tot war, und fragte mich, was ich machen würde, wenn die fremden Männer später Michael nehmen und in der Erde vergraben würden. Wie konnte ich mir dieses Spektakel anschauen? Das ging doch nicht!

Weinkrämpfe überfielen mich. Der Boden unter meinen Füßen wankte. Und dennoch, letztendlich hatte ich es geschafft, mich zurechtzumachen.

Ein wenig später verließ ich das Haus. Ich wollte noch Blumen kaufen, die ich in das Grab meines Kindes legen würde. „Haben Sie rote Rosen?", fragte ich, als ich den im

Blumenladen betrat. Die Verkäuferin erwiderte: „Tut mir leid, wir haben keine roten Rosen mehr. Wir bereiten heute eine Beerdigung vor, deswegen sind alle roten Rosen vorbestellt ... Aber, warten Sie einen Moment, ich werde mal eben im Kühlraum nachsehen."

Während die Verkäuferin nach hinten ging, schweifte mein Blick durch das Geschäft. Im Nebenraum sah ich auf einem Tisch einen weißen Sargdeckel, geschmückt mit weißen und roten Rosen. Mir wurde kalt, und mir schwante Furchtbares: Es war der Deckel vom Sarg meines Sohnes.

Mein früherer Mann hatte alle Vorkehrungen für die Beerdigung getroffen. Ich hatte Marco gesagt, er solle einen weißen Sarg kaufen, weil Michael noch so jung war und mir ein heller Sarg besser gefallen würde.

Die Verkäuferin kam zurück und meinte, sie hätte noch zwölf rote Rosen übrig. Sie wollte wissen, wie viele ich bräuchte. „Alle", antwortete ich. Sie fragte, ob sie die Blumen als Geschenk verpacken sollte, und ich wusste nicht, was ich antworten sollte. Nachdenklich sagte ich schließlich, dass ich sie gerne als Geschenk verpackt hätte. Sie waren doch ein Geschenk? Ja, das letzte Geschenk, das ich meinem Sohn würde machen können.

Während die Verkäuferin die Rosen verpackte, liefen mir die Tränen über die Wangen. Ich wusste ja, wohin die Rosen gehen würden. Die Verkäuferin schaute mich an und fragte, ob es mir nicht gut gehe. Ich konnte ihr nicht gleich antworten. Dann nahm ich all meinen Mut zusammen: „Pardon, ich habe eine Frage. Der Sarg, den Sie im Nebenraum stehen haben, ist der für die Beerdigung eines jungen Mannes namens Michael bestimmt?"

„Ja!" So simpel war die Antwort. „Es ist so schlimm für die Eltern, wenn so etwas geschieht. Kannten Sie den Jungen?"

Ich versuchte, mich zusammenzureißen und nicht zusammenzubrechen. Ich fühlte mich nach dieser Frage wie ein obskures Wesen. Ich schaute die Verkäuferin an und antwortete: „Ja, ich kannte den Jungen. Er ist mein Sohn. Ich bin seine Mutter."

„Es tut mir so leid für Sie", murmelte die junge Frau.

Dann verließ ich den Laden.

Ich wusste nicht mehr genau, wo ich mich befand. Mir begegneten selbst auf der Straße einfach nur Bilder, die in Tausende von Splittern und Scherben zersprungen waren: mein Kind. Der Tunnel. Sein Schrei um Hilfe. Der Sargdeckel, geschmückt mit einem Meer von weißen und roten Rosen.

Nichts ging mehr. Der Schmerz war dabei, mich innerlich aufzufressen wie ein großes wildes Tier. Ich war müde. Ich war einsam. Und ich war sprachlos. Mein sehnlichster Wunsch war es, nur für ein paar kurze Sekunden nicht mehr denken und nicht mehr fühlen zu müssen.

Es war, als hätte für mich eine neue Zeitrechnung begonnen. Ich bewegte mich außerhalb von Raum und Zeit. In dieser unbekannten Welt war ich eine Zeitreisende. Und in ziemlich genau drei Stunden würde ich mit einer weiteren dieser Zeitreisen konfrontiert werden. Dann würde Michael mich für immer verlassen.

Der Weg zurück zum Haus meines Exmannes war mühevoll. Wie ich wieder dorthin gelangte, weiß ich bis heute nicht. Aber ich kam an. Alle Familienmitglieder waren bereits versammelt, bereit für den Weg zum Leichenschauhaus, in dem Michael lag.

Ein letztes Mal würde ich meinen Sohn sehen. Wer kann das begreifen oder nachvollziehen? Wer kann es verstehen? Wie kann man verstehen, dass sein Kind in ein paar Stunden nicht mehr da sein wird, für immer vergangen?

Noch einmal stieg ich diese Stufen hinauf, die Stufen zur Hölle. In völliger Verzweiflung betrat ich das Leichenschauhaus und ging auf den Sarg zu.

Ich stand lange dort und betrachtete meinen Sohn. Mein Verstand weigerte sich, daran zu denken, dass Michael in wenigen Minuten abgeholt und der weiße Sargdeckel vernagelt werden würde, der Zugang zu Michael dann für immer für mich verschlossen wäre.

Ich versuchte, die Zeit aufzuhalten, um diesen Zug, der unser beider Leben für immer trennen würde, zu verpassen.

Behutsam berührte ich Michael. Ich wusste dabei kaum, wie ich meinen nächsten Atemzug tun sollte.

Noch bist du da! – Und doch schon nicht mehr …

du strahlst FRIEDEN aus. du hast alles hinter dir gelassen. Es war schön, meinen Weg ein Stück mit dir gemeinsam zu gehen. Mein ganzer Dank geht an dich, mein Mikey. Wir beide wissen es, unsere Liebe geht nicht verloren. Sie bleibt bestehen, bis zu meinem letzten Atemzug.

Lange stand ich so da und sah ihn an. Ich wollte eigentlich niemanden mehr in seine Nähe lassen. Ich hatte solche Angst, dass man mir meinen Sohn wegnehmen würde. Mit jedem Schritt, der Michael und mir zu nahe kam, versteinerte ich mehr.

Endlich kamen dann meine Eltern. Meine Mutter schob mich sanft zur Seite. „Nadine, lass mich ihn auch noch ein letztes Mal küssen", forderte sie.

Ich sah sie an und ließ es zu, dass meine Mutter mit ihrem Enkel allein sein konnte.

Meine Knie wurden weich, als ich die Stufen aus dem Leichenschauhaus wieder hinunterschritt. Ich sah meinen Vater ganz allein in einer Ecke stehen, seine Arme vor der Brust gekreuzt. In diesem Moment fühlte ich mich wieder wie eine Fünfjährige. Wenn man noch klein ist und nicht mehr weiterweiß, dann sucht man immer Hilfe bei seinen Eltern. Die wissen in diesem Alter schließlich immer alles besser, und meine Eltern hatten auch für jedes Problem eine Lösung parat.

Meine Schritte wurden langsamer. Ich schaute meinen Vater von Weitem an und fragte mich, wie es ihm wohl gehen mochte. Was würde er mit seinem Schmerz anfangen? Was dachte er wohl gerade?

„Papi, kannst du glauben, warum wir heute hier sind?", wollte ich wissen. „Kannst du verstehen, was gleich passieren wird?"

Mein Vater nahm mich in die Arme, und wir weinten gemeinsam. In diesem Moment hatte ich das Gefühl, vor allen Problemen dieser Welt gefeit zu sein. Ich hatte das Gefühl, dass irgendwie alles wieder gut werden würde.

Mein Vater war der einzige Mensch, dem ich vertraute. Ich wusste, dass er fühlen konnte, was ich gerade fühlte. Ich wusste, dass es ihm genauso ging wie mir. Mein Vater war immer sehr ernst, aber er hatte auch ein großes Herz.

Für meinen Papi war Michael immer ein geliebtes Kind gewesen. Beide waren von Anfang an irgendwie eins gewesen.

Ich fragte ihn, ob er noch ein letztes Mal zu Michael gehen würde, um sich zu verabschieden. Er sah mich erschrocken an, neigte den Kopf und sagte: „Nein, nein, mein Kind, das kann ich nicht. Und ich will es auch nicht. Niemals werde ich mein Enkelkind in seinem Sarg liegen sehen. Ich werde Michael so in Erinnerung behalten, wie er war. Und ich werde Michael nie anders als einen lebendigen jungen Mann sehen wollen." Nach diesen Worten weinte mein Vater so heftig, dass er um Luft ringen musste.

„Ja, Papi", antwortete ich. „Das kann ich verstehen. du

musst dich nicht verabschieden. Aber ich möchte Michael noch einen letzten Kuss geben. Ich bin gleich wieder bei dir."

Ein allerletztes Mal stehe ich vor dir, mein Kind. Jetzt neigt sich unsere gemeinsame Reise endgültig ihrem Ende zu. Michael, vergiss deine Mami nicht! Der Weg, den du jetzt gehst, ist sehr weit. Viel weiter, als ich in dieser Stunde vermuten oder für möglich halten kann.

Ich ergriff ein letztes Mal seine Hand. Ich berührte seinen kleinen Finger mit meinem. Das war das Letzte, was ich von Michael spürte.

Ich werde immer bei dir sein, egal, wohin du jetzt gehst. Das hier ist unser letzter gemeinsamer Weg.

Immerzu musste ich zum Eingang des Leichenschauhauses blicken. Ich wusste, dass es jetzt jeden Moment so weit sein würde und die fremden Männer Michael abholen würden.

Als ich meinem Kind dann erneut einen Kuss gab, standen schon die in Schwarz gekleideten Leichenträger vor uns und fragten mich, ob ich bereit sei. Es wäre Zeit.

Mein Exmann, der ebenfalls in die Halle gekommen war, bejahte die Frage an meiner statt. Ich schaute ihn an, ohne etwas zu sagen. Ich weigerte mich noch immer, mein Kind herzugeben. Ich wollte die Zeit weiter aufhalten, ich spürte solch eine Verzweiflung, solche Angst. Da bedeutete Marco den Leichenträgern, sie mögen noch zwei Minuten warten.

Dann kam er ganz nah zu mir und sagte: „Nadine, wir müssen unser Kind jetzt loslassen. Bitte gib seine Hand frei!"

Ich schaute Marco an und dann wieder zu Michael. Wir weinten beide.

Ich trug bis dahin immer eine Kette mit einem Kreuz um meinen Hals. Als ich mir dieser Kette in jenem Augenblick bewusst wurde, wollte ich sie nicht mehr tragen. Ich griff an meinen Hals, riss die Kette herunter und steckte sie in die Tasche von Michaels Anzug. „Tut mir leid, mein Kind, aber ich werde dieses Kreuz nie wieder tragen können. Die Kette hat dir immer gut gefallen, so nimm sie jetzt mit dir."

Dann nahm mich mein Exmann an die Hand und sagte: „Geh jetzt hinaus. Ich werde mit den Leichenträgern gehen und bleibe hier, wenn sie Michaels Sarg schließen."

Ich selbst hätte dabei niemals zusehen können.

Ich bückte mich schweren Herzens über meinen Sohn und flüsterte: „Danke für alles, Mikey. Ich werde immer bei dir sein." Dann küsste ich ihn ein letztes Mal. Und dann waren auch schon die Männer da, die ihre Arbeit verrichten wollten. Also ging ich hinaus. Ich sah mich nicht noch einmal um. Am Ende des Tunnels, so heißt es, sei immer das Licht. Geh jetzt ins Licht, mein Baby. Da wurde mir bewusst, dass ich mein Kind zum letzten Mal gesehen hatte.

Wir fuhren zu der Kirche, in der der Trauergottesdienst stattfinden sollte. Auf dem Altarplatz der Kirche stand der Sarg meines Kindes. Er war über und über mit Rosen bedeckt, rechts und links brannten zwei Kerzen. In einer Ecke neben dem Sarg lagen Blumenkränze.

Mich schauerte, denn der Raum war kühl.

Während der Messe konnte ich nicht anders, als die ganze Zeit immer nur auf Michaels Sarg zu starren. Ich glaubte damals immer noch an Wunder und hoffte, dass mein Baby mich jeden Moment rufen oder sich sonst irgendwie bemerkbar machen würde. Ich wartete darauf, dass Mikey an den Deckel klopfen und rufen würde: „Sofort aufmachen! Ich will hier raus!" Aber nichts geschah …

Dann fing ich an, zu träumen. Ich war nicht mehr in der Kirche. Ich hörte auch nicht, was der Priester sagte. Aber das wollte ich auch gar nicht hören. Was konnte ein Fremder, ein Mensch, der Michael nie gesehen oder kennengelernt hatte, schon über mein Kind sagen?

Ich träumte mich also hinein in eine Zeit, als Mikey noch am Leben war. Mein Gehirn wurde zur Bühne. Wie in einem Theaterstück lief das ganze Leben meines Sohnes noch einmal vor meinem inneren Auge ab. Ich konnte sein herzhaftes Lachen hören. Sein Humor umfing mich. Er war mein ganzer Stolz gewesen. Und von nun an würde ich nie wieder seine Stimme hören. Nie mehr würde ich Angst um ihn haben müssen, nie mehr wütend auf ihn sein. Aber ich würde mich auch nie mehr auf Michaels Besuche freuen können und würde niemals seine Zukunft erleben.

Welch grausamer Augenblick! Ich muss dich loslassen! Meine Hände, die dich gehalten haben, sie müssen dich hergeben. Welche Grausamkeit: Gepaart mit aller Liebe und Sorgfalt dieser Erde, muss ich dich der Kälte des Sarges und des Grabes überlassen. Aus meinem Schoß geboren, muss ich dich nun in den Schoß der Mutter Erde zurücklegen – und kann nichts daran ändern.

Zum ersten Mal in meinen Leben wollte ich umkehren, in der Zeit zurückreisen, bis zum 8. November 1982, dem Tag von Michaels Geburt. Für dich, meinen Sohn, würde ich einen Teil meines Leben wiederholen, und das obwohl ich immer gesagt und auch gedacht habe, dass ich nie wieder in die Vergangenheit zurückwollen würde. Wenn du nur noch atmen würdest, würde ich alles tun, was man von mir verlangte.

Als ich in die Realität zurückkehrte, dachte ich zunächst, es wäre nicht wahr, es wäre nicht mein Mikey, der dort tot im Sarg lag. Es durfte einfach nicht sein. Bleib bei mir, rief ich Michael leise zu. du darfst mich nicht verlassen. du sagtest doch immer: „Mama, ich bin immer für dich da, und wenn du einmal ganz alt bist, werde ich dich zu mir nehmen und dich pflegen."

Plötzlich, nur einen kurzen Moment lang, überkam mich ein tiefer innerer Friede, Michael war mir plötzlich ganz nah. Aber das Gefühl währte nur wenige Sekunden. Ich fragte Michael, mein inneres Zwiegespräch fortsetzend: „Siehst du mir jetzt vom Himmel aus zu? Bist du auch jetzt noch bei mir? Dann bin ich hier unten nie mehr allein, denn du wohnst in meiner Seele, für immer, mein geliebter Sohn."

Ich habe die Vorstellung vom Himmel immer sehr geliebt. Vor langer, langer Zeit, habe ich gelesen, dass manche Menschen glauben, die Seele schwebe nach dem Tod hinauf in den Himmel. Das klang so verlockend, mit all den Schäfchenwolken da oben und den lächelnden Engeln. Für mich war Michael jetzt in diesem Himmel.

So kam ich langsam wieder zu mir und schaute mich dann aufmerksam in der Kirche um. Sie war in zwei Seiten eingeteilt, eine Seite für die Familie meines Exmannes und die andere Seite für meine eigene Familie. Ich hatte das Gefühl, in einem Gerichtssaal zu sitzen.

Mein Blick fiel auf Marco. Er saß, durch den Mittelgang der Kirche von mir getrennt, auf der anderen Seite. Ich erschrak über seine Gesichtszüge, die wie versteinert wirkten. Fast schon krampfhaft hielt er seine Jacke in der Hand und starrte auf den Sarg.

Ich fühlte einen tiefen Schmerz in mir, während ich Marco so beobachtete. Er sah so hilflos, verloren und verwirrt aus.

Ich fragte mich, wie sein Leben ohne seinen Sohn jetzt wohl weitergehen würde. Wie würde er nur dieses schwere Unglück verarbeiten?

Es tat mir weh, ihn so zu sehen.

Dann sah ich neben mir unsere gemeinsame Tochter sitzen. Auch sie war in ihrer Trauer und in ihrem Schmerz gefangen. Ich konnte ihren Schmerz jetzt sehr viel deutlicher spüren als vorher. Ich machte mir große Sorgen um sie. Sie war doch auch erst 24 Jahre alt und sollte nun ein Leben lang ohne ihren Bruder auskommen müssen. Wie sollte es für sie ab sofort weitergehen? Wie würde unser aller neues Leben aussehen?

Meine Gedanken wurden durch das Trauerlied, das wir für Michael ausgesucht hatten, unterbrochen. Sie spielten „Ave Maria", und ich wollte schreien, aber es ging nicht. Ich wollte weglaufen, nichts mehr sehen und nichts mehr hören.

Wie ein Blitz traf mich die Erinnerung an Michaels Lebensgefährtin Teuta und an mein Enkelkind Liridona. Was mochten sie jetzt gerade im Krankenhaus empfinden? Wie fühlt man sich, wenn man die Liebe seines Lebens innerhalb eines winzigen Augenblicks für immer verliert und man sich noch nicht einmal mit einem letzten Kuss voneinander verabschieden kann? Sich ein letztes Mal sehen kann?

Ich erinnerte mich an eine Szene im Leichenschauhaus, als ein junges Mädchen hereinkam und mich fragte, ob ich Michaels Mutter sei. Sie war eine Freundin von Teuta. Ich wusste nicht gleich, wie und was ich ihr antworten sollte, doch sie sprach schon weiter und meinte, dass sie ein Bild von Teuta und Liridona bei sich habe und auch einen kleinen Teddybären. Teuta hatte zu ihr gesagt, sie sollte versuchen, ob sie diese Gegenstände nicht in Michaels Sarg legen könne, ohne dass ich oder Marco etwas davon erführen, denn Teuta hatte Angst, dass uns das nicht gefallen könnte. Ich nahm das

Bild an mich und schaute es an. Warum hatte Teuta Angst, uns das Bild zu zeigen? Gab sie sich vielleicht die Schuld an Mikeys Tod? Doch Teuta hätte keine Angst haben müssen. Ich nahm das Bild und den Bären und legte beides zu Michael in den Sarg.

Bei diesen Erinnerungen fing ich erneut an, zu weinen. Teuta konnte nicht hier sein, um sich zu verabschieden, und das tat mir weh. Wie konnte sie nur denken, dass wir das Bild von ihr und dem Kind nicht in den Sarg gelegt hätten? Sie hatte meinen Michael doch treu auf seinen letzten Wegen zu Lebzeiten begleitet! Sie war diejenige, die den Unfall miterlebt hatte, und nicht wir.

Ich musste auch an Liridona denken, die ihren Vater nie kennenlernen würde. Auch sie hatte zu der Zeit, da ihr Vater starb, in Lebensgefahr geschwebt, und damals wusste keiner, ob das kleine Mädchen überhaupt lebend zur Welt kommen würde.

Dann war das Lied endlich vorbei, und die sechs Sargträger standen in der Tür. Sie kamen den Mittelgang entlang und reihten sich dann in zwei Dreierreihen rechts und links von Michaels Sarg auf. Ich zählte die Sekunden. Am liebsten hätte ich vor Schmerz geschrien: „Fasst ihn nicht an! Geht weg!" Ich dachte: Michael, hilf mir bitte. Lass mich nicht allein mit ALL diesen Menschen. Wir sind in Gefahr! du musst etwas tun, bevor es zu spät ist.

Bis zur letzten Minute glaubte ich, dass das hier alles nicht Wirklichkeit sei. Doch dann holte mich die Realität erbarmungslos ein. Die Zeit fing erneut an, zu ticken. Es war so weit. Der Moment war gekommen, an dem diese Männer meinen kleinen Mann für immer mitnehmen würden. Gleich würde ich mein Kind verlieren. Dann wäre er nicht mehr auf dieser Erde, sondern unter der Erde.

Ich schaute die Männer an und stellte fest, dass es die Brüder meines Exmannes waren. Ich spürte, wie ein Hauch von Hass über mich kam. Wie konnte das nur möglich sein? Auch Marco ging Richtung des Sargs von Michael, ich dachte, nein, nicht der Vater, bitte!

Mein Gott, was machte er da? Was ich kurz zuvor nur ahnen konnte, wurde Wirklichkeit. Marco wollte unseren Sohn selbst zu Grabe tragen!

Damals, am 20. Mai 2002, hatte ich meinen Exmann gebeten, das Auto unseres Sohns in die Werkstatt zu bringen und es kontrollieren zu lassen, weil ich der Meinung war, dass sich Michael mit diesem Auto in Gefahr befand. Marco hatte nicht getan, worum ich ihn so eindringlich gebeten hatte. Aber jetzt wollte er mein Kind zu Grabe tragen? Jetzt hatten sie es geschafft und mir meinen Sohn für immer weggenommen. Bis dahin glaubte ich immer, dass Michael eines Tages wieder zu mir nach Hause kommen würde, jetzt war mein großer Traum ausgeträumt. Mein Sohn würde für immer in Stuttgart bleiben.

Um das zu vermeiden, war ich 16 Jahre lang mit „Boxhandschuhen" umhergelaufen, um meinen Sohn zu beschützen. Jetzt würde ich diese Boxhandschuhe in meinem Garten vergraben, denn ich würde sie nicht mehr brauchen, ich nicht und mein Sohn auch nicht.

Dieser 16-jährige schwere Kampf. Beim Anblick des Sarges war er für immer und ewig verloren.

Unser letztes Gespräch von Angesicht zu Angesicht kam mir in diesem Moment wieder in den Sinn. Am 20. Mai 2002 hatte Michael zu mir gesagt: „Weißt du, Mama, jetzt wirst du bald wieder Großmutter. Und diesmal von deinem allerliebsten Sohn! Freust du dich?" Und weiter: „Ich weiß, ich bin noch so jung, aber mach dir keine Sorgen, es wird alles gut, du wirst schon sehen. Ich werde ein guter Vater sein, und Teuta wird eine gute Mutter. Und wir haben ja dich, Mama, die allerliebste Großmutter der Welt." Dann gab er mir einen Kuss und flüsterte mir zu: „Ich liebe dich, Mama. Und ich bin stolz, dass du meine Mama bist."

Bei diesen Erinnerungen konnte ich plötzlich nicht mehr. Es war einfach alles zu viel für mich. Alles war so makaber, dieses ganze Szenario mit all diesen Menschen. Ich hatte das Gefühl, als bewegte ich mich in einer anderen Dimension, weit weg von dieser Realität. Niemand kann sein Kind wirklich selbst zu Grabe tragen. Wäre ich an Marcos Stelle gewesen und hätte meine Finger an diese Griffe gelegt, ich wäre sofort ohnmächtig geworden.

Der Weg zum Friedhof

Vater und Onkel nahmen also den Sarg und gingen als Erste hinaus vor die Kirche. Ich stand auf, denn als Mutter musste ich natürlich gleich hinter dem Sarg meines Sohnes gehen. Ich spürte einen unheimlichen Druck auf meiner Brust und litt an Atemnot. Den ganzen Weg hin zum Grab fragte ich mich ständig: Warum? Warum?

Ich war gezwungen worden, diese Schritte zu machen, obwohl ich es nicht konnte. Und immer wieder sagte mir eine innere Stimme: Halt an, du merkst doch, dass du nicht mehr weiterkannst!

Zum ersten Mal in meinem Leben konnte ich einfach nicht mehr weiter. Diese Worte waren mir so fremd. Ich hatte doch sonst immer für alles eine Lösung gefunden. Ich hatte bisher noch nie aufgegeben. Ich war einfach immer weitergelaufen.

Doch jetzt hatte das Schicksal mich wie ein Blitz mitten in

mein Herz getroffen. Ich merkte, wie meine Schritte langsamer wurden, und ließ es einfach zu. Ich wusste, ich musste es bis zum Grab schaffen, doch mir war auch bewusst, dass irgendetwas nicht stimmte.

Am Grab meines Sohnes angekommen, stellten Vater und Onkel den Sarg ab. Ich stand am Kopfende des Grabes, denn ich wollte wissen, wie tief es war. Ich schaute hinein und merkte sofort, dass das nicht gut war.

Der Priester hielt seine Rede: „Asche zu Asche, Staub zu Staub." Dann wurde der Sarg hinabgelassen.

Noch einmal durchzuckte ein gewaltiger Stich mein Herz, dann wurde alles schwarz.

Wenig später wachte ich auf einer Bank auf dem Friedhof auf, umgeben von Sanitätern. Mein erster Gedanke war: Michael ist weg. Er liegt ganz allein in diesem riesigen schwarzen Loch. Ich wollte zurück an das Grab meines Kindes. Ich konnte es doch dort nicht ganz alleine lassen. War ich denn wahnsinnig geworden? Furcht erfasste mich, Michael könnte doch eines Tages noch aufwachen, und dann käme er nie wieder da heraus, niemand würde ihn hören, und ich wäre auch nicht da, um ihn zu befreien.

Was sollte denn jetzt ohne ihn aus meinem Leben werden? Nur Michael konnte ich blind vertrauen. Nur ihm konnte ich all meine Wünsche und Sehnsüchte wirklich anvertrauen. Er hat mich nie ausgelacht. Bei ihm habe ich mich zu Hause gefühlt. Mit ihm konnte ich reden und lachen und einfach verrückte Dinge machen. Wir waren immer so sehr verbunden gewesen, trotz aller Entfernung. Unsere Seelen waren im Gleichklang gewesen. Er war es, der mich stets aus der Tiefe wieder ans Licht gebracht hatte. Er war es, der an mich geglaubt hatte, auch wenn ich selbst nicht an mich glaubte. Seine Gegenwart hatte mir die Kraft gegeben, neue Dinge anzufangen. du warst einzigartig, mein Sohn! du gabst mir so viel Licht für mein Herz, und nun wird meine Seele nur noch von Dunkelheit bewohnt; von einer Dunkelheit, die kein Licht der Welt jemals besiegen kann.

Ich blieb noch eine ganze Weile vor dem großen Friedhofstor stehen und blickte zurück. Das Gestern war hiermit zu Ende. Ab heute war mein Sohn nur noch Geschichte. Zweifel über meine eigene Zukunft überfielen mich. Gerade erst war ein nur halb gelebtes Leben erloschen, und die Entfernung zwischen meinem Sohn und mir begann bereits unaufhaltsam zu wachsen.

Nach der Beerdigung versammelte sich meine Familie zum Kaffee bei meinem Exmann. Eine meine Schwestern hatte selbstgebackenen Kuchen mitgebracht. Ich kam mir vor, als wäre ich zu einer Geburtstagsfeier eingeladen. Dabei hatte ich gerade mein Kind beerdigt. Ich dachte, dass ich einfach nur schnell weg müsste von diesem Ort. Ich wolle am liebsten ins Auto steigen, den Motor starten und irgendwohin fahren, weit weg von all diesen Menschen, dorthin, wo niemand meine Schreie und mein Weinen hören würde. Irgendwohin, wo die Weite den Schmerz schlucken würde und der Druck aus meiner Brust endlich entweichen könnte.

Später bestieg ich einen Zug zurück in mein eigenes Zuhause. Der Zug verließ den Bahnhof, zuerst noch langsam, dann immer schneller und trug mich davon, während nur eine Frage in meinem Kopf widerhallte: Wie soll ich den nächsten Schritt in diese einsame, unbekannte Zukunft wagen?

Der Schock über den Tod meines Sohnes war noch immer unermesslich groß. Mein Verstand sagte mir zwar, dass mein

Kind tot sei, doch mein Gefühl konnte dies einfach nicht akzeptieren.

Der Countdown hat begonnen

Ab sofort musste ich lernen, ohne meinen Sohn zu leben. Ich musste lernen, dass Michael nicht mehr wiederkommen würde. Das war überhaupt nicht einfach. Ich brauchte ungefähr sechs Jahre, bis ich verstanden hatte: Michael lebt jetzt in einer anderen Welt.

Im ersten Jahr war es so, dass ich überall meinen Sohn suchte. Ich wählte ständig seine Telefonnummer, aber keiner nahm den Hörer ab.

Michael war immer mit dem Zug ins Saarland gekommen, wenn er mich besuchte. Also dachte ich mir, wenn ich am Bahnhof warte, wird mir irgendein Zug meinen Jungen wiederbringen. Ich fuhr also oft zum Bahnhof und wartete stundenlang. Ich wanderte auf den Bahnsteigen auf und ab in der Hoffnung, dass Michael aus einem der ankommenden Züge steigen würde.

Diese Situation war so schlimm, weil ich wirklich glaubte, dass Michael irgendwann wieder nach Hause finden würde. Mein Kind war doch immer irgendwann wieder nach Hause gekommen!

Aber kein Zug brachte Michael zurück. Wenn ich heute daran denke, wie lange ich auf dem Bahnhof gewartet habe, egal ob es regnete oder schneite, egal ob es kalt oder heiß war. Und immer habe ich geweint, wenn die Züge wieder losfuhren und Michael nicht ausgestiegen war.

Wenn ich dann wieder zu Hause war, machte ich mir eine Flasche Wein auf, holte alte Bilder von Michael hervor und setzte mich auf den Boden meines Wohnzimmers. Dort trank ich dann die ganze Flasche Wein und weinte die halbe Nacht über den Fotos meines Sohnes. Dieser Alltag war zu meinem Lebensinhalt geworden. Ich hatte nichts mehr und war sehr einsam geworden. Michael spukte durch meinen Kopf, Tag und Nacht. Deshalb fing ich an, jeden Abend zu trinken.

Während dieser Zeit fühlte ich mich wie eine zerrissene Persönlichkeit. An seinem Geburtstag, dem 8. November 2002, stand ich morgens auf und überlegte: Heute wird mein Michael 20 Jahre alt. Ich muss eine große Torte backen. Wir bekommen viele Gäste, und ich muss den Tisch besonders schön decken.

Und tatsächlich habe ich diese Torte gebacken. Ich habe sogar 20 Kerzen darauf gesteckt, mich an den Tisch gesetzt und die Kerzen angezündet. Dann habe ich ganz allein ein Stück Kuchen gegessen und so getan, als ob Michael bei mir wäre.

Dann kam das erste Weihnachten ohne Michael. Da bekam ich zum ersten Mal richtig Angst. Ich konnte unmöglich unter Menschen gehen.

Ich erinnere mich an den 21. Dezember 2002. Ich wollte in die Stadt gehen und Geschenke einkaufen. Als ich in der Stadt angekommen war, überlegte ich, was ich Michael schenken sollte, denn sicherlich würde er zu Weihnachten zu mir kommen.

Ich kaufte ihm also einen Schal, eine Mütze und Handschuhe und ließ alles einpacken.

Ich fing in dieser Zeit an, meinen Verstand zu verlieren. Jeden Tag redete ich mit meinem Sohn, als wäre er neben mir. Nichts war mehr real. Ich lebte in meiner eigenen Welt, ohne dass jemand wusste oder bemerkte, was mit mir los war. Meine Familie weiß bis heute nichts davon, was ich jahrelang durchgemacht habe, wie sehr ich gelitten habe. Heute weiß ich, dass es sie auch nicht interessierte, wie es mir wirklich ging. Ich war nicht so wichtig für sie. Warum auch? Ich musste einfach stark sein, das jedenfalls hatten sie mir oft genug deutlich gesagt. Es würde dann schon gehen. Es sei egal, wie ich es anstellte, mein Leben zu leben, ich müsse es einfach versuchen. Dann würde auch alles wieder in Ordnung kommen.

Keiner wollte mir damals die Zeit geben, mich mit diesem großen Schmerz auszusöhnen, ihn zu verarbeiten. Alles sollte sofort in den Alltag übergehen, nach außen musste die Fassade aufrechterhalten werden. Von allen Seiten stürzten ihre Sprüche auf mich ein, wie ein Vulkan während des Ausbruchs.

Acht Jahre bin ich diesen Weg nun allein gegangen. Acht Jahre habe ich gebraucht, um umzukehren und in eine neue Richtung weiterzugehen. Heute weiß ich, wie wichtig es ist, die Schmerzen hinter mir zu lassen und meinen eigenen Weg zu gehen. Doch auch auf diesem neuen Weg bleibe ich manchmal für ein Weilchen stehen und blicke nachdenklich zurück. Dann gehe ich weiter, wieder nach vorn.

So ist es nun mal. Manchmal hat man eine sehr lange Straße vor sich. Man denkt, oh nein, sie ist so schrecklich lang, ich kann es niemals bis ans andere Ende schaffen. Und dann fängt man auf einmal an, sich zu beeilen.

Eines weiß ich heute: Man darf nicht die ganze Straße auf einmal denken. Man sollte immer nur auf den nächsten Schritt bedacht sein, den nächsten Atemzug. Und dann merkt man auf einmal, dass man Schritt für Schritt die ganze Straße hinabgelaufen ist.

Trauriger kleiner Clown ...

Er steht vor seinem Spiegel,
die Schminke im Gesicht.
Eine Tränenspur hat sich
hineingeschlichen.
Lachen sollst du, kleiner Clown,
Ich möchte in deine Fröhlichkeit schau'n.

Stehst in der Manege, kleiner Clown,
siehst hinter die Fassade,
fühlst, vom Zirkushimmel fällt Sternenstaub.

Ein großes Tuch,
zu deiner Ehre,
niemand darf deine traurigen Augen sehen.
Ein Lächeln umspielt deinen breiten,
geschminkten Mund.

Fühlst dich einsam im Manegenrund.
Der Spot auf dich gerichtet, hell,
Kinderaugen strahlen,
Herzen schlagen schnell.
Lustig, mit deinen großen Schuh'n,
Jedoch, du möchtest lieber ruhen.
Die Menge begeistert,
dir Beifall sie klatscht,
die Zugaberufe verlangen ein zweites Mal.

Allein sitzt du in deiner Kammer,
Tränenflüsse laufen,

die Kehle schnürt sich strammer.
Langsam schminkst du dich wieder ab.

Ein bitterer Geschmack,
der kleine Clown geht nach Hause,
wo niemand wartet,
einsam und allein,
sitzt er wie jeden Abend
Daheim …

Tag für Tag aufs Neue
eine heitere Fassade für die Welt,
wird zu oft zur Plage.
Hört das Jubeln und Klatschen
im Traum …

Zurück bleibt nur …
ein trauriger kleiner Clown.

MICHAELS LEBEN VON GESTERN!

Die Geburt von Michael

8. November 1982, 5.30 Uhr: An diesem Morgen erwachte ich mit leichten Bauchschmerzen. Sofort wusste ich, dass Michael anklopft: Ich will heute raus, Mama. Ich habe jetzt lange genug bei dir gewohnt.

Ich spürte die ersten Wehen, hielt meinen Bauch eine Weile fest und sprach mit meinem Sohn. Ich freute mich auf seine Ankunft:

Gut mein Sohn, heute ist es so weit mit unserer ersten Begegnung. Schauen wir mal, ob du mit deiner Familie zufrieden bist.

Gegen 6.15 Uhr empfand ich eine leichte Niedergeschlagenheit. Ich hatte Angst vor der Geburt. Ich ging ins Bad, eine einfache mechanische Tätigkeit: Zähneputzen. Vor dem Waschbecken platzte mir die Fruchtblase. Super, dachte ich, du bist aber schnell, mein Kind. Zugleich geriet ich leicht in Panik, als ich sah, wie das Fruchtwasser meine Beine hinunterrann.

Gut ist es, zu wissen, wo der Kaffee stand. Mein Verstand war noch nicht ganz klar. Ich wollte noch frühstücken, ehe ich Marco und Sophie weckte, denn es war noch zu früh für Sophie. So viel Zeit habe ich noch, dachte ich.

Gegen 7 Uhr kam Marco in die Küche und fragte, was los sei? Weshalb ich schon so früh auf den Beinen war. Ich schaute ihn an und lächelte: „Heute bekommen wir einen neuen Mitbewohner. Er hat sich schon um 6 Uhr heute Morgen angemeldet." „Ja", fragte Marco, „ist es so? Kommt unser Sohn heute?" Ich sagte ihm, wir müssten uns fertigmachen und Sophie zu meiner Mutter fahren.

Marco weckte Sophie voller Freude, aber unsere Tochter war nicht so begeistert von der Ankunft ihres Bruders. „Maman", fragte sie mich, „woher willst du wissen, dass es ein Bruder wird? Ich will aber eine Schwester. Kaufst du heute eine Schwester für mich?". Marco lachte. „So geht das nicht. du bist doch schon da. Wir haben schon ein Mädchen, jetzt wollen wir einen Bruder für dich, ja Sophie?" Sophie war immer noch nicht ganz zufrieden und schlug vor: „Dann bekommt Maman eben zwei Babys, einen Jungen für dich, Papa, und eine Schwester für mich." Darauf holte sie ihren Mantel: „So, jetzt will ich zur Oma."

Für Sophie war alles klar. So machen wir das – und bitte keine Widerrede. Sie war damals fünf Jahre alt und wusste schon genau, was sie wollte, und konnte uns das auch sehr gut klarmachen.

Los ging es – Sophie zu meiner Mutter und ich ins Krankenhaus. Wir trafen um 10 Uhr in der Klinik ein, und ich wurde sofort in den Kreißsaal gebracht. Gegen 11.30 Uhr ging es richtig los mit den Wehen. Die Hebamme sagte mir, es sei noch nicht so weit, es werde noch zwei Stunden dauern, und ließ mich allein. Um 13 Uhr hatte ich keine Schmerzen mehr! Wenig später kam die Hebamme zurück und erschrak. „Oh, mein Gott!", sagte sie, „warum haben Sie nicht gerufen? Schnell, ein Arzt!"

Ich bekam panische Angst, dass meinem Baby etwas passiert sein könnte. War es tot? Ein Arzt eilte herbei. Mein Kind liege ungünstig und sei eingeschlafen, sagte er nach der Untersuchung. Meine Angst wurde immer größer. Der Arzt ordnete an, dass die Geburt sofort eingeleitet werden müsse.

In diesem Moment fühlte ich Erleichterung, dass es nun endlich losging. Doch es gab Probleme. Mein Baby blieb in dem zu engen Geburtskanal stecken. Michael und ich mussten kämpfen. Ich merkte, dass es mir schwerfiel, meinen kleinen Mann loszulassen. Mir war nur nicht ganz klar, warum. Wollte ich, dass mein Baby bei mir bleibt? Ich bekam fürchterliche Angst, dass Michael tot sei, und dachte, meinem Baby könne nichts passieren, wenn es in meinem Bauch bleibt. „Keiner auf dieser Welt kann dir Michael wegnehmen", dachte ich.

Damit fing die Angst um das Leben meines kleinen Mannes an. Schon damals dachte ich darüber nach, warum ich solche Angst um Michael hatte. Diese Angst hat mich nie mehr verlassen, bis zu seinem Tod. Merkwürdig!

Geschafft, mein Sohn. Willkommen auf der Titanic!

Michael erblickte die Welt am 8. November 1982, um 15.04 Uhr, 3150 Gramm schwer, 53 Zentimeter groß, in einer kleinen Stadt in Frankreich. Er bescherte mir eine unvergleichliche neue Erfahrung. Das war Michaels Eintritt in diese Welt!

Angst bewohnte mich, ja, große Angst. Was wird jetzt aus uns? Damit meinte ich meine Kinder und mich selbst. Ich hatte Angst vor dem Schicksal, das uns erwartete. Das war mein erstes Gespräch mit meinem Sohn …

Vielleicht weißt du es noch nicht, Michael, mein Sohn, aber ich bin die, die man deine Mutter nennt, zumindest auf dieser Welt, in der wir leben. Ich sehe das so, mein Sohn: Ich bin der Mensch, der dich auf diese Welt gebracht hat, in meinem Bauch bist du leise vor dich hingeschwommen, in deiner kleinen Welt. Monatelang wohntest du in mir und machtest, was du wolltest. Aber der Platz reichte nicht mehr aus, so darfst du heute in die große Welt hinaus. Wir beide können heute dein erstes großes Abenteuer starten, denn jetzt weißt du auch, woher du kommst.

Früher oder später werden das Leben und die Gesellschaft, in der wir leben, alles komplizierter machen, manchmal wirst du dich sicherlich verloren darin fühlen, so wie es mir zurzeit geht. Sollte dies eines Tages eintreten, dann hoffe ich, du kommst zu mir, und wir reden darüber von Mutter zu Sohn. Vielleicht kann dir das helfen, wieder klarer zu sehen, mein kleiner Mann.

Was man jetzt dein Zuhause nennt, mein Sohn, ist nicht sehr schön. Hier ist das Leben traurig, aber jetzt bist du bei mir, und vielleicht hat wird sie sich eines Tages gelohnt haben, diese gemeinsame Reise, die man Leben nennt. Ab dieser Minute deiner Ankunft werden wir gemeinsam gehen, mein Sohn.

Mit seiner Geburt zog das Glück bei mir ein, brachte mir Frohsinn zurück und reichlich Sonnenschein. Das Glück nahm mich an der Hand und zeigte mir die Welt. Ich sah neue Ufer, neues Land, ganz dicht am Himmelszelt. An einem Platz den Wolken nah, wie einst im Traum gesehen, kam plötzlich dann der Abschied! Das Glück musste weiterziehen. Doch ich blieb zurück. Aber auch wenn das Glück uns verlässt, vergessen wir, vergesse ich diesen Tag deiner Geburt niemals.

Michaels Geburt verlief ganz anders, als erwartet. Es ging meinem Baby sehr schlecht. Es herrschte eine unheimliche Stille, nur ein kleiner Laut war von ihm zu hören. Schon war mein Michael im Nebenzimmer zur intensivmedizinischen Betreuung! Und ich hatte bei der Geburt viel zu viel Blut verloren. Es ging mir überhaupt nicht gut. Heute noch laufen die Geschehnisse vor meinem inneren Auge wie ein verschwommener Film in Zeitlupe ab. Einige Zeit später kamen die Kinderärzte zu mir, gratulierten mir und zeigten mir meinen recht rosigen Sohn. Sie erklärten mir, dass sie Michael leider gleich mitnehmen müssten, sein Zustand, aber auch meiner, sei noch nicht so besonders. Sie sagten aber auch, ich solle mir keine Sorgen machen, alles werde gut.

Ich fühlte mich damals einfach nur schwach und leer, wie betäubt. Nichts von der freudigen Euphorie, die ich damals nach Sophies Geburt hatte erleben dürfen. Mich packte eine riesige Verzweiflung, die Furcht, dass mein Sohn es doch nicht schaffen würde. Ich fand ihn so winzig und sehr mager – ganz das Gegenteil von Sophie – und fragte mich, warum das so war. Hatte vielleicht mein Kind mitbekommen, dass ich die ganze Schwangerschaft so traurig darüber war, wieder ein Kind zu bekommen, und wollte jetzt wieder gehen? So viele Gedanken gingen mir die ganze Nacht durch den Kopf! Damals ahnte ich noch nicht, dass der ganz große Schmerz und die Verzweiflung um meinen kleinen Mann viel später kommen sollten.

Doch nach einigen Tagen ging alles gut. Michael war zwar sehr zierlich, die Ärzte meinten jedoch, das habe er von mir geerbt, ich solle mir keine Sorgen machen. Mein Sohn werde nie viel kräftiger werden, auch später nicht, wenn er mal groß sei. So ist es auch gewesen.

Nach wenigen Tagen konnten wir beide schon nach Hause. Michael war ein Baby, das immer weinte. Tag und Nacht. Er wollte auch nichts essen. So ging das, bis er ein Jahr alt war. Mein kleiner Mann mochte auch keine fremden Menschen. Bei jedem Unbekannten, der meinem Sohn zu nah kam, fing er an, zu schreien wie am Spieß. Er schlief auch sehr wenig und hielt mich sehr auf Trapp. So hatten wir alle viele schlaflose Nächte. Weil ich Michael stillte, wusste ich nie, ob mein Baby genug getrunken hatte. Mein Sohn war die halbe Nacht an meinem Busen und schlief auch so ein.

Die ersten Wochen gingen viel zu schnell vorbei. Nach etwa acht Monaten konnte Michael schon ohne Hilfe sitzen. Er krabbelte überall hoch, dann kauften wir ihm eine Lauflernhilfe.

Danach war Michael nicht mehr zu bremsen. Er raste durch das ganze Haus.

Wenn ich den Tisch gedeckt hatte, gehörte es zu seinen Lieblingsstreichen, mit einem Zipfel der Tischdecke in der Hand loszurennen. Im Gegensatz zu mir begeisterte es ihn unbändig, wenn alles scheppernd und klirrend zu Boden fiel.

Mit 13 Monaten machte Michael seine ersten Schritte ohne das Lauflerngerät, und etwa zur selben Zeit begann er zu brabbeln.

Seine erste große Dummheit beging er mit zwei Jahren. Eines schönen Tages war ich in der Küche beim Backen, als Michael ins Bad lief. Dort schnitt er sich selbst die Haare. Nie werde ich vergessen, wie mein kleiner Sohn zu mir in die Küche kam und fragte: „Mama, bin ich schön?" Er lachte übers ganze Gesicht. Ich bekam einen Schock, war fuchsteufelsböse. Michael sah so schlimm aus, dass wir nichts mehr korrigieren konnten. Doch wie ich meinen Sohn so anschaute, musste auch ich lachen. Er sah aus wie ein kleiner Clown, denn er hatte sich auch noch mit meinem Lippenstift angemalt. Das war eine der Lieblingsbeschäftigungen von Michael: auf die Toilette steigen und sich zu schminken. Dabei fragte er immer wieder: „Sehe ich jetzt so aus wie du, Mama?" Ich versuchte Michael immer wieder klarzumachen, dass nur

Mädchen sich schminken. Darauf gab mir mein Sohn zur Antwort: „Gut, Mama, du bist auch kein Mädchen, sondern eine Mama, also darfst du dich auch nicht mehr schminken."

Michael hatte für alles eine Antwort und gleichzeitig die Lösung. Alles in seiner Umgebung wollte er erkunden. Er war so neugierig. Einer seine größten Feinde war ein Bett. Nie wollte Michael in seinem Bett schlafen, und wenn er erst einmal einen Entschluss gefasst hatte, konnte man ihn schwerlich vom Gegenteil überzeugen. So blieb das sein Leben lang. Wenn ich Michael abends in sein Bett brachte, löste mein Sohn das Problem auf einfache Weise: Er kletterte über die Seitenwand des Bettes, saß dann glücklich auf dem Fußboden und spielte. Weil ich immer Angst hatte, dass er fällt und sich verletzt, ließ ich meinen kleinen Sohn jeden Abend mit uns schlafen.

Die Bratkartoffeln

Eines Abends, Michael war zwei Jahre alt, rief mich mein Sohn kurz vor Mitternacht. Was los sei, wollte ich wissen, warum er noch nicht schlafe?

„Mama", sagte mein Sohn, „ich will jetzt etwas essen". Ich sagte ihm, es sei Nacht, und er müsse schlafen. Als ich ihn zudecken wollte, fing Michael an, zu weinen. „Ich will sofort Bratkartoffeln", rief er, stand auf und lief in die Küche.

Na gut, also machte ich um halb 12 Uhr nachts Bratkartoffeln. Was ich nicht wusste: Von diesem Zeitpunkt an erschien mein Sohn jeden Abend gegen 23 Uhr und wollte seine Bratkartoffeln.

Eines Tages fand ich die Lösung dieses Problems. Jeden Tag briet ich nun die Kartoffeln vor, und wenn mein Sohn wach wurde, wärmte ich sie einfach nur auf. Ein ganzes Jahr ging dies so. Bis zu seinem Tod waren Bratkartoffeln Michaels Lieblingsessen. Immer wenn er zu Besuch kam, sagte er: „Und nicht vergessen, Mama, die Bratkartoffeln ...“

Damals war ich manchmal sehr müde, und wollte einfach weiterschlafen. Heute würde ich mir wünschen, Michael wäre wieder zwei Jahre alt, und nachts flüsterte seine liebe Stimme mir zu: „Mama, wach auf, komm jetzt, Mama, ich will meine Bratkartoffeln.“ Ich habe so viel verpasst! Und für einen Neuanfang zwischen Mutter und Sohn ist es zu spät!

Die Weihnachtsgeschichte

Der himmlische Zauber der Weihnacht war für Sophie und Michael ein besonderes Fest. Sehr beeindruckten Michael im Advent die vielen Lichter in der Stadt. Jedes Jahr sagte mein Sohn zu mir: „Mama, es ist immer hell zu Weihnachten, auch nachts ist die ganze Welt voller Lichter. Zu Weihnachten müssen wir nicht schlafen gehen, denn wir schlafen doch nur, wenn es dunkel wird?" Ich liebte es, am 24. Dezember morgens mit meinen Kindern in die Stadt zum Kuchenessen zu gehen. Auch Sophie und Michael liebten diesen Augenblick sehr.

Tief berührt hat mich das Weihnachtsfest 1986. Michael hatte am Vorabend in seinem Zimmer ein Weihnachtsgeschenk vorbereitet. Es war aber nicht für uns gedacht, sondern für einen alten Mann, der jedes Jahr in der Stadt mit einem kleinen Hund vor dem Kaufhof saß und wartete, dass wir ihm ein paar Münzen überreichen, was wir auch jedes Jahr taten. Doch dieses Weihnachten wollte Michael dem alten Mann selbst etwas schenken. Und so bastelte mein Sohn heimlich in seinem Zimmer, stibitzte sich dafür eine rote Kerze von unserem Adventskranz. Als wir am Weihnachtstag in die Stadt fuhren, fragte Michael, ob wir wieder den alten Mann besuchen könnten. „Welchen Mann?", sagte ich.

„Weißt Du, Mama, den Mann mit dem kleinen Hund, der immer am Kaufhof wartet, dass man ihm eine Münze gibt." Also fuhren wir hin.

„Guten Morgen", begrüßte mein Sohn den Bettler. „du bist aber freundlich, mein Kind", antwortete der alte Mann. „Dich habe ich doch schon mal gesehen, oder?" „Ja, ich komme dich jedes Jahr zu Weihnachten besuchen, diesmal habe ich eine Überraschung für dich", sagte Michael und zog die rote Kerze aus seiner Manteltasche, dazu eine kleine Tüte mit ein paar Weihnachtsplätzchen und Pralinen. „Wenn der Schnee kommt und dir kalt ist, dann kannst du die Kerze anmachen und dich damit wärmen. Dann ist es auch nicht mehr so dunkel nachts. Hast du auch Angst im Dunkeln?", fragte mein Sohn. „Nein", antwortete der alte Mann, „und du?" Nun erzählte Michael, dass er sich fürchte, wenn es draußen dunkel wird. Mein Sohn nahm die Tüte, schaute den Hund an und sagte: „Das ist für dich, aber du darfst nicht alles auf einmal essen, sonst bekommst du Bauchweh. Und du darfst nicht alles allein essen, du musst die Süßigkeiten mit deinem Herrn teilen."

Der alte Mann schmunzelte und sagte zu Michael: „Du bist aber eine ganz liebes Kind! Dich werde ich nicht so schnell vergessen. Hast du denn schon deinen Weihnachtsbrief an den Weihnachtsmann geschrieben?" „Oh ja", sagte mein Sohn. „Eine Puppe wünsche ich mir, wie meine Schwester, mit vielen schönen Kleidern." Michael beeindruckte es nicht, dass der alte Mann meinte, ein Junge spiele doch nicht mit Puppen. „Doch, ich will eine Puppe", bekräftigte er. Ja, das war auch Michael. Er liebte alle Puppen seiner Schwester. Es war so beeindruckend, Michael zuzuschauen, wie er die Puppen voller Liebe an- und auszog, sie in den Puppenwagen legte und mit ihnen sprach.

Mein Sohn war ein geheimnisvolles Kind, voller Lebendigkeit, mit viel Wärme.

Den Weihnachtstag 1986 kann ich nicht vergessen, denn Michael war erst vier Jahre alt, und in der Regel denken Kinder nur an sich und kommen nicht auf die Idee, dass jemand draußen frieren könnte und kein Geschenk zu Weihnachten bekommt. Aber mein Sohn hatte sich Gedanken darüber gemacht – und das mit vier Jahren. An diesem Tag wusste ich, dass Michael ein sehr gutes Herz hatte.

Wir legten dem alten Mann noch ein Fünf-Mark-Stück in seine Dose und gingen weiter. Ich muss zugeben, dass ich auch am Abend noch an den Alten dachte und mich fragte, ob er jetzt immer noch da draußen saß, ob er alleine war, ob er wohl die Kerze angezündet hatte. Auch wenn es einem Menschen in seinem Leben nicht gelungen ist, Wärme und Geborgenheit zu erlangen, muss er dann so einsam enden?
Auch mein Leben ist wie das des alten Mann da draußen geworden. Ich habe gelernt, dass das Glück einen nicht für immer begleitet und dass sich auch Weihnachten verabschieden kann, wie alles im Leben …

Es gab Zeiten, da konnte auch ich das Glöckchen des Weihnachtsmanns hören, aber nach und nach ist der Klang immer leiser geworden, bis er für immer verschwand.

Michael zweiter Geburtstag

Michael freute sich immer tagelang auf seinen Geburtstag. Das bedeutete für ihn wohl: Hier geht's nur um mich. Schaut alle her. Mit zwei Jahren wurde Michael richtig interessant – und sehr anhänglich. Viel Freude hatte er an Tieren. Grashüpfer, Marienkäfer und Libellen zählten zu seinen Lieblingen. Marienkäfer setzte er sich zart auf seine Hand, betrachtete sie, streichelte sie vorsichtig, um sie nur nicht zu verletzen, und ließ sie dann wieder frei.

Mit Michael und Sophie machte mir das Leben das wundervollste Geschenk, das eine Mutter bekommen kann.

Michaels Traum

An einem schönen Sonntagmorgen unterhielten sich Michael und seine Schwester Sophie am Tisch, während ich das Frühstück zubereitete. „Sophie, weiß du, ich habe etwas ganz Schönes geträumt heute Nacht", sagte Michael. „Was denn, Mike?", fragte Sophie. Und mein Sohn erzählte seinen Traum. Der Himmel habe in ganz vielen Farben geschillert, in Rot, Blau und Gelb. Auf einmal seien zwei Engel vom Himmel heruntergestiegen. „Hallo Michael, du musst heute mit uns kommen. Wir sind hier, um dich mitzunehmen! Du musst zurück nach Hause kommen", hätten die beiden Engel gesagt. „Sie nahmen mich an den Händen, und wir flogen in den Himmel", erzählte Michael. „Es war so schön im Himmel, und alle tanzten mit mir!" Wie die Engel denn aussahen, fragte Sophie. „Sie sehen wie wir aus, haben Augen und Mund, sie haben Haare, und sie sprechen wie wir", sagte Michael.

In diesem Momente fiel mir die Tasse aus der Hand. Panische Angst hatte mich gepackt. Während die Kinder den Traum schön fanden, hatte ich die trübe Ahnung, dass unsere glückliche Zeit bald vorüber sein und der Traum meines Sohn eines Tages Wirklichkeit würde. Ich spürte, dass uns großes Unglück bevorstand! Es gibt solche Vorahnungen, und manches, so glaube ich, können nur Mütter vorhersehen. Und so war es. Der ganz große Schreck! Verzweiflung ! Schmerz! 15 Jahre später sollten wir all das erfahren — so wie den genauen Tag, an dem die beiden Engel meinen Sohn abholten für seine lange Reise ohne Wiederkehr.

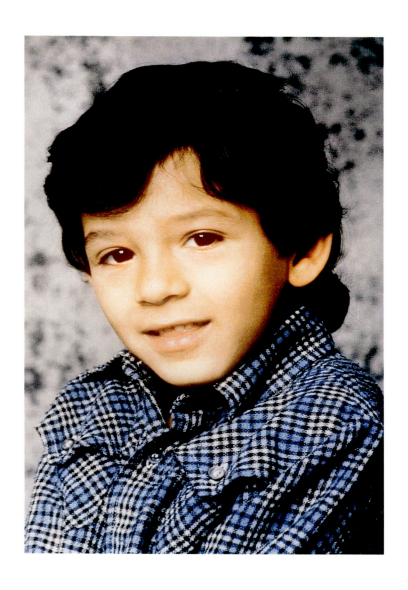

Michaels erster Weg zum Kinderhort

Michael war drei Jahre alt, als er zum ersten Mal zum Kinderhort ging – und ich wieder zur Arbeit. Mein Kind war seit seiner Geburt nie ohne mich gewesen. Deshalb hatte ich Angst vor diesem Tag. Ich versuchte zwar, mit meinem Sohn darüber zu sprechen, aber ich glaube, Michael war zu klein, um zu verstehen, dass seine Mama wieder arbeiten gehen musste – und er nun jeden Tag zum Kinderhort. Das Einzige, was mein Sohnemann immer wieder sagte, war: „Ja, Mami, aber du kommst mit mir in den Kinderhort." Allein der Gedanke an den Tag, an dem ich ihn alleine lasse musste und Michael mich nicht mehr in seiner Nähe finden würde, war auch für mich grausam.

Aber meine Ehe war gelaufen, so viel war mir klar geworden. Ich wusste, die Trennung von meinem Ehemann stand vor der Tür. Ich musste ab sofort für uns sorgen, damit es meinen Kindern an nichts fehlte. Es ist nicht einfach, das erste Mal sein Kind einem Fremden zu übergeben. Ich hatte noch ein weiteres großes Probleme: Michael konnte kein Deutsch sprechen, nur Französisch, da wir erst vor sechs Monaten in Deutschland angekommen waren. Ich machte mir deshalb große Sorgen. Ehrlich gesagt, hatte ich vor allem ein wenig Angst. Schließlich weiß man nicht von Anfang an, wie man sich als Mutter richtig verhält, das lernt man durch Ausprobieren – und durch Fehler. Auch dass Michael ganz anders war als Sophie, verunsicherte mich. Tat ich das Richtige, war Michael nicht noch zu klein? Schließlich war Michael ein sehr sensibles Kind.

Doch der Tag war gekommen, an dem ich Michael morgens zum Kinderhort fuhr, unsere erste Trennung war Fakt.

Ich sehe noch heute meinen Sohn am Esstisch sitzen, die Kaba-Tasse in seiner kleinen Hand und mich mit seinen großen Augen anschauend. „Wohin gehen wir denn heute Morgen, Mama", fragte er. „Ich gehe in die Schule und du in den Kindergarten", antwortete Sophie. „Und Mama geht heute arbeiten." Da fing Michael an, zu schreien. „Nein", schrie er, „die Mama geht mit mir!" Die Kinder fingen an, zu streiten. „Ich nehme mein Kissen mit", sagte Michael mit harter Stimme. „Ja, gut", antwortete ich. „Und los geht's." Vor dem Kindergarten angekommen, kamen mir die Tränen. Warum ich weinte, wollte Michael wissen. Ich konnte ihm nicht antworten.

Im Kindergarten kam die Betreuerin auf uns zu. „Guten Morgen, Michael", grüßte sie. Michael drängte sich an mich. „Na, komm", sagte sie, „wir gehen mit anderen Kindern spielen." Sie nahm Michael auf den Arm. Als mein Sohn abgelenkt war und nicht mehr nach mir schaute, ging ich fort, zur Arbeit.

Als ich ihn gegen 15 Uhr abholen kam, fand ich Michael schlafend in einem kleinen Bett. Man sagte mir, mein Sohn habe den ganzen Morgen nur geweint. Er habe nichts gegessen, nur in der Ecke gehockt. Ich weckte Michael. Er fing sofort an, zu weinen. „Mama, du hast mich vergessen. Tu das nie wieder", schluchzte er. Eine Wochen später ging es Michael besser. Fortan ging er gern in den Kindergarten.

1986 – die Trennung von meinem Ehemann

Im Sommer 1986 schockierte ich meine gesamte Familie mit der Nachricht, dass ich mich von meinem Ehemann getrennt hatte. Ich vollzog diesen Schritt bereits im Juni 1986, sagte es den Kindern allerdings erst einen Monat später.

Ich wollte den richtigen Moment abwarten, um es ihnen beizubringen. Aber für schlechte Nachrichten gibt es bekanntlich keinen passenden Augenblick.

Unsere Ehe war während der letzten Jahre sehr angespannt und recht kühl gewesen, sehr anstrengend für mich. Mir war plötzlich klar, dass ich diese Ehe physisch nicht mehr meistern konnte. Dazu kam, dass wir immer ein Leben mit außergewöhnlichen Belastungen führten. Das alles brachte mich an den Rand der Erschöpfung und Verzweiflung! Ich war ausgebrannt und leer, fühlte mich in all diesen Jahren allein gelassen. So sehr hätte ich mir ein wenig mehr Wärme und Menschlichkeit in meiner Ehe wünscht!

In dieser Zeit konnte ich die äußerlichen Dinge des Lebens oft fast nicht mehr schaffen. Ich wusste schon lange nicht mehr, wie es weitergehen sollte, alles war so ausweglos, so aussichtslos geworden. Nach 13 gemeinsamen Jahren fragte mich, wie ich es bis hierher geschafft hatte. Ich stand am Abgrund. Das Leben war seit 13 Jahren wie ein heftiger Sturm. Ich hatte das Vertrauen, dass es eines Tages besser wird, verloren. Eines wusste ich nach all diesen heftigen Jahren: Wenn ich an dieser Ehe festhielte, würden wir alle untergehen...

Ich hatte Heimweh nach Harmonie, nach Frieden. Ich wünschte mir – ja, was denn nur? Vielleicht mal wieder richtig verrückt zu sein, auf dem Wind zu reiten, die Schiffe anzutreiben, mit Sturm und Wogen, den ganzen Tag mal wieder richtig zu toben mit meinen beiden Kindern – und mit allem Sinnen den Tag, das Leben neu zu beginnen.

Darum, eines Morgens, suchte ich wieder einmal krampfhaft nach Lösungen für meine beiden Kinder und mich selbst. Mir war klar, ich wollte nicht mehr dieses eintönige Leben führen. Also nahm ich den Rest meiner Kraft, die ich noch besaß, zusammen und machte mich auf den Weg, unser Leben neu zu beginnen, ohne meinen Ehemann.

Aber für die Kinder war dieses Zusammenleben mit Papa der Normalzustand gewesen, und sie glaubten wohl, dass es immer so weitergehen werde. Mir kommt es so vor, als wäre es erst gestern gewesen, der Tag, an dem ich meinen Kindern unsere Trennung mitteilte. Damals war Sophie neun und Michael vier Jahre alt. Was sollte ich ihnen erzählen? So kleine Wesen wissen noch nicht, dass es Momente in unserem Leben gibt, in denen die Liebe einfach nicht mehr ausreicht, um zusammen weiter den Weg zu gehen! Als Kind glaubt man immer, Eltern hätten auf alles eine Antwort, und man fühlt sich bei ihnen geborgen. Doch nichts ist weiter von der Wahrheit entfernt. Erwachsene werden immer unsicherer, je älter sie werden. Aber wir sind den Kindern eine Erklärung schuldig.

Also nahm ich eines Sonntagmorgens beim Frühstücken meinen ganzen Mut zusammen, um meine beiden Kinder aufzuklären. Ich weiß es noch, als wäre es erst gestern gewesen, wie ich meine Tränen zurückhielt. Alles war schon traurig genug. „Sophie, Michael", begann ich, „ich muss euch etwas sagen heute Morgen. Es ist sehr wichtig, dass ihr mir zuhört. Papa und Mama werden sich trennen. Vielleicht seid ihr noch zu jung, um zu verstehen, warum zwei Menschen, die sich mal geliebt haben, wie Papa und Mama, jetzt auseinandergehen. Wir haben erkannt, dass wir grundverschieden sind, dass wir andere Lebensziele haben. Ich weiß, dass ihr jetzt sehr traurig seid, auch ich bin sehr traurig. Auch die Tage, die jetzt kommen, werden für uns nicht einfach sein. Auch ich habe ein wenig Angst, weil wir es jetzt allein schaffe müssen, ohne Papa."

„Will uns Papa nicht mehr, weil wir zu laut waren?", fragte Sophie, „Und weil wir manchmal nicht lieb waren?" „Kommt Papa nicht mehr nach Hause?", fragte Michael. „Muss Papa für immer in einem anderen Haus wohnen, mit anderen Kindern?" All diese Fragen schmerzten mich, und ich wusste nicht, was ich antwortet sollte. „Aber nein", hörte ich mich sagen. „Papa wird nicht mit anderen Kindern wohnen. Und Papa hat euch auch ganz lieb." Meine beiden Kinder starrten mich an, es war totenstill im Raum. Ich schaute Michael und Sophie an. „Wollen wir hier wohnen bleiben", fragte ich, „oder sollen wir uns zusammen etwas anderes suchen, vielleicht mit einem schöner Garten, wo ihr im Sommer spielen könnt und wir im Winter zusammen einen Schneemann bauen?" Sophie antwortete: „Nein, ich will hier bleiben!" Michael sagte, er wolle mit Papa und Mama wohnen. Warum wir uns trennen müssten, wollte Sophie wissen. Tja, diese Frage hatte ich erwartet. „Du und Michael, ihr habt viele Auseinandersetzungen und auch viel Streit miterlebt", antwortete ich meiner Tochter. „Ich denke, das alles ist für euch und für Papa und Mama nicht mehr schön."

Wer ist schuld, wenn etwas schiefläuft? „Wir alle machen Fehler, das gehört zu unserem Leben, Sophie", sagte ich, „und wenn eine Beziehung zwischen zwei Menschen nicht mehr funktioniert, dann muss immer einer den Anfang machen, um zu gehen. In unserem Fall ist es Mama, die entschieden hat, endgültig zu gehen."

Ich denke, wir hatten irgendwie beide dazu beigetragen,

dass die Konflikte zwischen uns unlösbar wurden. Meinen Kindern sagte ich: „Wir werden eine Weile ohne Papa leben, bis der größte Sturm sich gelegt hat, damit wir alle ein wenig zur Ruhe kommen. Und dann schauen wir mal, wie es uns geht nach der Trennung. Wir werden viel Spaß zusammen haben, ihr werdet es sehen. Wir werden Glück haben und es schaffen – und es wird alles gut!" Weiter sagte ich den Kindern, dass ihr Papa sie immer besuchen werde, er sei ja nicht weit.

Das waren meine Worte an meine Kinder. Damals glaubte ich ganz fest, dass wir das Glück haben würden, es gemeinsam zu schaffen. Aber das Glück ist ein verdammter Mist, ist immer da, wo du nicht bist, und ist es dir mal nah gekommen, hast du es oft nicht wahrgenommen. Ich wollte doch nur wieder Frieden im Leben meiner Kinder und in meinem Leben. Damals hatte ich noch so viele Träume in meinem Koffer. Aber es waren nur Träume, denn was uns erwartete, waren Albträume.

Nach dem Trennungsjahr folgte der Scheidungstermin. Anfang 1988 waren wir geschieden. Da Michael sehr unter unserer Trennung litt, bat ich meinen Exmann, den Kleinen für ein paar Tage zu sich zu nehmen. Ich hoffte, Michael würde so vielleicht besser mit der Situation fertig werden.

Nach zwei Wochen kam mein Sohn wieder nach Hause zurück. Michael ging es gut, und er freute sich, wieder zu Hause zu sein.

Unser Leben lief wieder in seiner normalen Bahn, bis eines Abends mein Exmann vor der Tür stand, vier Wochen, nachdem er mir Michael zurückgebracht hatte. Es war sehr spät abends, die beiden Kinder schliefen schon. Warum so spät, was los sei, fragte ich meinen Exmann. „Ich komme, meinen Sohn abzuholen, und nehme ihn mit nach Stuttgart", sagte Marco. „Was", fragte ich ihn, „was hast du da gerade gesagt?" Marco wiederholte es: „Ja, du hast richtig verstanden, Michael wird ab sofort bei mir leben, in Stuttgart. du kannst ihn besuchen, wann immer du willst. Aber Michael wird bei mir bleiben, ob du es willst oder nicht. Meine Entscheidung ist endgültig." Ich konnte nichts mehr sagen damals. Vor Angst. Ich wusste einfach nicht, was ich machen sollte oder konnte, damit Michael bei mir blieb. Ich muss sagen, dass ich damals Angst von Marco hatte, aber ohne meinen Sohn zu leben war einfach unmöglich! Ich versuchte, sachlich zu bleiben und meine Angst nicht zu zeigen. Ich wollte mit Marco in Ruhe sprechen. Aber es gelang mir einfach nicht.

Damals, vor 24 Jahren, war ich viel ängstlicher als heute. Ich weiß, dass ich heute vor niemandem mehr Angst habe – und vor Marco schon gar nicht. Heute würde ich sogar mit ihm kämpfen, wenn es sei müsste, um meinen Sohn zu retten. In meinem Leben habe ich eines gelernt: Der einzige Kampf, den man verliert, ist der, den man nicht antritt. Die Angst vor dem Unbekannten lähmt den Willen. Mein Wille war etwas ganz anderes, als das, was ich damals zugelassen habe. Ich fragte mich damals, was Marco im Schilde führte. Ich versuchte, ihm klarzumachen, dass ich für Michael und Sophie allein sorgen könnte! „Sieh ein", antwortete er, „wir mussten zu zweit sein, um die Kinder zu zeugen, und wir haben zwei Kinder. Also bleibt Sophie bei dir und Michael bei mir!" Vergeblich bat ich ihn, das Kind in Ruhe zu lassen. „Michael schläft schon", sagte ich. Aber Marco, wie ich ihn immer erlebt hatte, schubste mich zur Seite und stürzte ins Schlafzimmer, wo Michael friedlich in meinem Bett schlief. Er riss den Jungen aus dem Schlaf und sagte: „Komm, Papa ist da, und du kommst mit Papa nach Stuttgart!" Marco zog Michael einen Mantel über seinen Pyjama. „Sag deiner Mutter tschüss, wir gehen jetzt!" Und so gingen beide einfach durch die Tür! Ich blieb allein zurück! Ich ging zum Fenster. Der Himmel hatte sich zugezogen, hatte einen nach dem anderen alle Sterne verschluckt. Mir war kalt, bald würde es Tag, und mein Michael würde nicht mehr da sein. Heute frage ich mich immer und immer wieder, wieso ich so etwas zugelassen habe? Wie konnte ich meinen Sohn gehen lassen? Diese Frage stelle ich mir Tag für Tag: Wieso, warum ließ ich zu, meine Kinder und mich selbst so zu zerstören?

Ich glaube, die meisten unserer Irrtümer beruhen bloß auf Mangel an Erfahrung.

Ich habe das Leben meines Sohns Michael zerstört, weil ich nicht in der Lage war, dafür zu sorgen, dass mein Kind in seinem Bett blieb – und Marco mit dem Gesetz zu konfrontieren! Wie sagt man doch? Hinterher sind wir immer schlauer, wenn es zu spät ist, wenn wir nicht mehr umkehren können. Damals hätte ich mir nicht träumen lassen, dass mein Sohn 15 Jahre später nicht mehr auf unserer Erde sein würde, sondern unter der Erde!

Ich weiß heute, dass ich den größten Fehler meines Lebens begangen habe, als ich damals meinen Sohn mit seinem Vater gehen ließ. In all den Jahren, in denen Michael bei seinem Vater lebte, versuchte ich immer wieder, meinen Fehler zu korrigieren, aber es gelang mir leider nicht mehr. Später hat er sich für seinen Vater entschieden, und mir blieb zum Wohle des Kindes nichts anderes übrig, als den Dingen ihren Lauf zu lassen.

Die meisten Fehler im Leben machen wir, wenn wir zu viel fühlen, wo wir denken sollten, und zu viel denken, wo wir fühlen sollten!

Michael verbrachte alle Ferien bei mir, ich bekam ein

uneingeschränktes Besuchsrecht. Und so gingen die Jahre vorüber. Es gab nicht einen Tag, an dem ich nicht an meinen Sohn dachte. Es machte mein Lebe nicht leichter, nicht zu wissen, wie es ihm ging, ohne seine Schwester und seine Mutter. Aber ich schwieg und ging diesen steinigen Weg, ohne zu zeigen, dass mein Leben schon damals geendet hatte. Niemals haben Michael und ich darüber gesprochen, was er damals fühlte. Wie kam er mit dieser Situation zurecht? Diese Frage kann mir mein Sohn nie mehr beantworten! Und sie quält mich tagtäglich. Es macht mich traurig, wenn ich mir vorstellte, was Michael als Kind für schwere Zeiten durchstehen musste. Mein Sohn war noch so klein und musste schon so harte Schläge einstecken. Manchmal fragte ich meinen Sohn, ob er nicht doch wieder zu Mama kommen wolle. Die Antwort war immer die gleiche: „Ja, schon, Mama, aber wenn ich wieder zu dir komme, ist Papa sehr traurig und ganz allein! Du bist nicht allein, du hast noch Sophie. Und ich komme immer wieder in den Ferien zu dir." Das waren die Worte meines Sohnes, als er 15 Jahre war.

Die Trennung von meinem Kind schmerzte mich sehr, zu gerne hätte ich ihn aufwachsen sehen! Das wurde mir genommen! Heute weiß ich, alles hat seinen Preis im Leben. Ich wollte nicht mehr mit dem Vater meiner Kinder leben, dafür bezahlte ich mit dem Verlust meines Sohns. Wie sagt man so schön: „Alle deine Taten haben eine Folge." Nach Michaels Tod habe ich erfahren, dass er mehrmals seinen Freunden gesagt hat, er ginge gern zu seiner Mutter zurück, dass sein Leben in Stuttgart doch nicht so toll sei und dass ihm etwas fehle. Nur was meinem Sohn fehlte, das habe ich nie erfahren. Leider! Ich glaube, dass ein Vater nie eine Mutter ersetzen kann. Ein Vater kann niemals ein Kind so verstehen wie eine Mutter. Heute weiß ich, dass mein kleiner Sohnemann zu weich war, um mit seinem Vater zu leben. Marco wollte einen Mann als Sohn, doch mein Sohn war noch ein Kind, sehr sensibel, zu weich in seinem Herzen.

Manchmal, wenn ich mit Michael telefoniert, hatte ich das Gefühl, dass er sich verloren fühlte und nicht wusste, wo er hingehörte.

Michaels erstes Schuljahr

Wegen einer Zugverspätung kam ich an diesem Tag zu spät in Stuttgart an. Die Schule hatte schon begonnen, alle Eltern waren mit ihren Kindern im Klassenzimmer. Als ich in die Klasse kam, sah Michael mich mit glänzenden Augen an und winkte mir stolz zu, mit einem kleinen verschmitzten Lächeln. Doch ich machte mir große Sorgen um meinen kleinen Mann, denn Michael wurde mit sieben Jahren eingeschult. Ich erinnere mich, dass er immer sehr vergnügt und munter war. Ich schaute ihn an und dachte: ,Sieben Jahre sind schon vorbei. Heute ist nun sein großer Tag, Die ernste Zeit hat nun auch für Michael schon begonnen.' Nach der Schule rannte Michael mir entgegen, voller Freude. „ Mama", rief er, „zuerst war ich klein, jetzt bin ich groß und werde lernen, lesen, schreiben, rechnen. Und schau Mama, ich habe eine Wundertüte bekommen. Ist sie nicht schön?" Ich lachte mit meinem Sohn. „Ja, Michael, die Tüte ist größer als du!"

„Mama?", fragte mich da Michael mit ängstlichem Blick. „Ich werde doch die Schule schaffen, oder? Was meinst du, Mama?" Sein Blick machte mich traurig, denn ich hatte verstanden, dass mein Sohn Angst hatte, es nicht zu schaffen. „Michael", sagte ich, „hör Mama jetzt gut zu und versuche, es nie zu vergessen. Du bist auf dieser Welt einzigartig, welche Wege du auch immer in deinem Leben beschreitest, verliere nie den Glauben an dich." Und ich lächelte ihn an. Aber mir war nicht zum Lachen!

Wenn ich an diese Zeit zurückdenke, frage ich mich, wie ich diesen Weg gehen konnte, ohne Amok zu laufen. Und wie ich immer wieder die Contenance bewahren konnte!
Michaels Begabung lag beim Mathematischen und bei den künstlerischen Fächern. Ohne große Probleme ging mein kleiner Mann zur Schule. Trotz all seines Kummers und mancher Niederlage machte mein Sohn einen guten Schulabschluss.

Michaels Kommunion ...

Michael ist mit neun Jahren zur Kommunion gegangen. Er war in dieser Zeit sehr gläubig. Zur Kommunion ging er mit sehr viel Respekt und Stolz. Seine Augen leuchteten wie Sterne, er wirkte glücklich. Die Kommunion hatte für meinen Sohn etwas Magisches. Doch in der Kirche schaute mich mein Sohn plötzlich sehr traurig an. Es war nicht zu übersehen, dass es etwas gab, das ihn bedrückte.

Endlich war der Gottesdienst vorbei, die Kinder zogen aus der Kirche aus. Ich ging zu meinem Sohn. Der fing sofort an, zu weinen. „Aber Michael", fragte ich, „was ist denn los? Warum weinst du?". Er schluchzte: „Mama, ich habe so Angst vor Papa. Schau, meine neue Jacke ist voller Kerzenwachs, die Kerze ist draufgetropft." Ich versuchte, ihn zu trösten: „So ist es eben mit einer so großen Kerze. Sie ist viel zu groß für dich gewesen. Davon geht doch die Welt nicht unter!" Doch Michael war untröstlich: „Mama, mach sie wieder sauber, wenn die Kommunion vorbei ist." Er fragte, ob ich seinem Vater die Sache mit der Jacke erzählen könne. „Ja Michael, das mache ich." Ich sagte auch, dass ich sehr stolz auf ihn sei. „Michael, du hast das alles sehr gut hinbekommen." Es gibt Zeiten im Leben, die kann man nie vergessen, die begleiten einen durchs ganze Leben, denn außer der Zeit gehört uns nichts im Leben!

Dies war für Michael eine hartes Zeit, denn seine Schwerster wagte den Schritt in die Welt der Erwachsenen: Sophie heiratete. Für Michael war das nicht toll! Für mich auch nicht, muss ich gestehen, denn es machte mir Angst. Sie war noch zu jung. Ich war der Meinung, dass man nicht mir 19 Jahren heiratet. Aber es war ihre Endscheidung. Für Michael war es traurig. Er meinte, dass seine Schwester jetzt die große Dame spiele und keine Zeit mehr haben würde für ihr bisheriges kindliches Leben, wenn er in den Ferien zu uns käme. Am Tag von Sophies Hochzeit fragte mich Michael: „Warum heiratet sie heute? Heiraten ist doch blöd, was meinst du, Mama?" Michael starrte mich an und nach einem Moment des Schweigens sagte er: „Ab jetzt wird Sophie nicht mehr da sein, wenn ich nach Hause komme in den Ferien. Sie muss jetzt woanders leben, nicht mehr bei dir. Genau wie ich! Obwohl das hier immer noch mein Zuhause ist, ist es nicht mehr das von Sophie. Sie hat jetzt ein anderes Zuhause. Für immer."

Als meine Tochter an diesem Morgen das Wohnzimmer betrat, schaute Michael sie traurig an. „Mann, du bist heute voll blöd. Du schaust aus wie eine Dumme. Noch bist du keine Dame, auch wenn du es meinst." Michael war gemein und sehr böse zu Sophie an diesem Tag. Ich musste lächeln, als die beiden sich stritten. Ich wusste nicht, wie ich meinen Sohn beruhigen sollte.

In dieser Zeit machte Michael viele große Entwicklungsschritte. er war immer sehr agil. Schon im Kindergarten zeigten sich bei Michael einige bleibende Charaktereigenschaften wie Gutmütigkeit und sehr viel Temperament. Hinzu kamen Adoleszenzprobleme, mit geringer Wertschätzung seiner eigenen Person. Immer wieder hatte Michael gesagt bekommen, er könne etwas nicht. Er sei kein Mann, und er werde es in seinem Leben zu nichts bringen. Dies hat man meinem Kind gesagt in der Wohnung, in der es den größten Teil seines Lebens verbracht hat. Dies hatte zur Folge, dass sich mein Sohn vor dem Leben da draußen sehr fürchtete. Er hatte Angst, es nie allein schaffen zu können!

Die plötzliche Ehe seine Schwester kam für Michael wie ein Verlust! Er fühlte sich allein gelassen. Seine Ferien nicht mehr mit Sophie teilen zu können, all die Freude und Geborgenheit, die Michael nur bei uns hatte – ab sofort schien ihm dies alles verloren. Denn seine Schwester hatte jetzt eine andere Aufgabe, ihren Ehemann. Für Michael ging schon wieder ein Teil seines kleinen Familienglücks zu Ende. Denn Michael hatte bei uns Geborgenheit, Freude, Liebe gefunden. Er konnte er selbst sein, denn für uns war Michael einfach der tolle Junge. Mit ihm hatte man einfach viel Spaß.
Wir machten uns auf den Weg zur Hochzeit meiner Tochter. In der Kirche saß mein Sohn neben mir. Wie immer, wenn es eine Feier gab, bewegte sich Michael in meiner Nähe. Beim Ja-Wort seiner Schwester veränderte sich die Miene meines Sohns. Es folgten Tränen, die er sofort wegwischte. In diesem Moment konnte ich meinen noch sehr kleinen Mann sehr gut verstehen, denn mit dem Ja-Wort hatte Sophie sich gerade ein Stück von uns verabschiedet. Sophie hatte eine neue Welt betreten. Ich nannte es die Welt der großen Sorgen!

Teuta & Michael

Ende 1999 war für meinen Sohn Michael die Hoffnung sehr groß, die Freude riesig, als er mir seine erste Freundin nach Hause brachte. Beide besuchten die gleiche Schule.

Michael schaute mich ganz schüchtern an und sagte leise, sodass ich ihn kaum verstand: „Mama, dies ist meine Freundin Teuta, das Mädchen, das ich liebe." Teuta lächelte mir so zart zu und gab mir die Hand.

Ich erkannte zwei junge Menschen voller Romantik und idealistischer Vorstellungen auf ihrem Weg. Beide sahen sehr verträumt aus, was ich sehr nett fand. Da sie beide ja noch sehr jung waren, nahm ich das nicht so ernst.

Michael war ein gesunder junger Mann von 17 Jahren, der damals gerade dabei war, erwachsen zu werden, Teuta ein gleichaltriges Mädchen.

Leider duldete die Religion von Teuta nicht das Zusammensein mit meinem Sohn, denn sie war Muslimin und mein Sohn Christ.

Ich muss zugeben, dass diese Situation mir damals große Sorgen bereitete. Man hörte immer wieder in den Nachrichten oder in der Zeitung von zwei Menschen, die sich verlieben und deren Eltern verfeindet waren wegen der unterschiedlichen Religion. – Ein Stoff der Dramen der Antike –.

Die Liebe über alle Grenzen hinweg, über Religion und Tradition hinweg bestimmt heute leider oft noch Dramen im Alltag. Wie bei Türkinnen, die sich in einen Deutschen verlieben, was nicht immer zum Happy End führt. Weil die Schranken im Kopf von manchen Menschen manchmal stärker sind als die grenzenlose Liebe. Die Liebe kennt aber kein Reich und Arm, nicht Moslem oder Christ, keine Schranken der Herkunft. Mein Sohn dachte so und kämpfte um seine Liebe. Beide hatten verschiedene Leben, somit waren ein paar Probleme schon vorprogrammiert. Es gab hin und wieder Schwierigkeiten wegen der Herkunft und der Religion meines Sohnes.

Doch beide dachten immer wieder, sie könnten sich die Hände zusammenbinden, damit sie sich nie verlieren. Und so banden sie ihre Hände zusammen und fühlten sich wesentlich sicherer und zogen ein Jahr später zusammen. Teuta und Michael mieteten Anfang 2001 eine sehr schöne Wohnung in Wernau bei Stuttgart.

Am Heiligabend 2001 erwartete ich meine Kinder mit ihren Partnern und mein Enkelkind bei mir zu Hause. An diesem Tag schneite es sehr viel, und ich erinnere mich noch an diesen seltsamen Tag. Mich bedrückte irgendetwas, als wollte mein Herz mir etwas sagen. Ich schaue aus meinem Balkonfenster, es schneite immer noch. Ich machte mir Sorgen, da ich wusste, dass Teuta und Michael sich auf der Autobahn Stuttgart in Richtung Saarland befanden. Da entschloss ich mich, die beiden anzurufen. Ich erreichte sie und fragte, wo sie sich denn befänden und wie lange sie noch etwa brauchten. Die beiden glaubten, noch eine Stunde Fahrzeit zu haben.

45 Minuten später rief mein Sohn mich an und scherzte: „Hallo Mama, wir haben einen Unfall und sind auf der Autobahn." Ich geriet in Panik und wollte wissen, wo sie genau sind, und war bereit, sofort loszufahren. In diesem Moment hörte ich den Motor seines Autos bei mir in der Einfahrt. Er begrüßte mich lachend, und ich schaute ihn an und wie ein Blitz überkam mich: „So etwas wird passieren, und du wirst mich nicht mehr anrufen können." Ich sagte ihm, dass ich einen solchen Scherz nicht mehr dulden würde.

Meine Familie kam gut an, und das Weihnachtsfest begann.

Während des Essens waren alle sehr fröhlich, aber die Stimme meines Herzens flüsterte mir etwas zu, das wie eine Botschaft klang. Diese Stimme versetzte mich in eine melancholische Stimmung. Ich sah meinen Sohn und meine Tochter an, die beide sehr gut aufgelegt waren.

Meine Tochter forderte meinen Sohn zum Tanzen auf. Ich hatte das Gefühl, das sei mein schönstes Weihnachtsfest, als ich die beiden so sah, aber gleichzeitig spürte ich so eine Vorahnung, dass es auch das letzte gemeinsame Weihnachtsfest mit meiner kleinen Familie ist.

Heute weiß ich, was damals mein Herz mir zuflüstern wollte. Es war wirklich mein letztes Weihnachtsfest mit Michael.

An diesem Abend machte mein Sohn komische Witze über den Tod und sagte zu seiner Schwester: „Wenn ich tot bin, dann komme ich nachts zu dir als Zombie, um dir Angst zu machen."

Michael verfügte schon als Kind über viel Humor und machte gerne Witze. Ich fand die Aussagen nicht sehr witzig und bat meinen Sohn, sofort aufzuhören, über den Tod zu scherzen.

Ich sah zu Teuta, die ganz still neben mir saß, und bemerkte, dass sie unendlich viel aß. In diesem Moment stellte ich mir die Frage, ob sie vielleicht schwanger sei. Damals dachte ich, vielleicht sollte ich sie danach fragen und dann mal sehen, was für eine Antwort dabei herauskommt. Ich fragte deshalb: „Na, Teuta, kann es sein, dass du uns heute etwas mitteilen willst oder ob du ein zusätzliches Geschenk für mich an diesem Weihnachtsabend hast?" Am Tisch wurde es ganz still, und die Augen meines Sohnes funkelten, und er schaute auf Teuta. Diese antwortete mir: „Nein, Nadine, ich habe dir nichts mitzuteilen und hatte auch nicht genug Geld, um dir zwei Geschenke zu übergeben, aber warum fragst du eigentlich?" Ich antwortete ihr: „Kann es sein, dass ich bald wieder Oma werde?" Wieder nur Stille am Tisch; Teuta aß einfach weiter. „Nein, nein, du wirst nicht noch einmal Oma", erwiderte Teuta.

Michael schwieg, seine Gesichtsfarbe änderte sich, und er spielte mit seiner Gabel auf seinem Teller. Ich kannte meinen Sohn. Schon als Kind wurde er bei einer Lüge unruhig und schaute immer woanders hin, nur nicht in mein Gesicht. Die Reaktion von Michael war eindeutig, aber Teuta schwieg weiter. Vier Wochen später bekam ich einen Anruf von meinem Exmann Marco. Er sagte: „Du hast jetzt einen Grund mehr, schneller graue Haare zu bekommen, denn dein Sohn wird Vater und du Großmutter!", und brüllend fragte er: „Und – freust du dich, Großmutter?" Ich war über seine Reaktion schockiert, und dann sagte ich ihm: „Es ist doch niemand gestorben oder schwer krank geworden; es kommt doch nur ein Kind!" Er antwortete, dass ich nicht mehr normal sei und ich sei genauso wie mein Sohn. Ich verbesserte ihn, dass er wohl vergessen habe, dass es auch sein Sohn sei und deshalb werde er auch Großvater. Zudem könne er ja deshalb keine grauen Haare mehr bekommen, die hätte er ja schon längst. Mein Exmann meinte, er wolle mit uns nichts mehr zu tun haben und ich könne ja dann das Ganze unterstützen. Ich versicherte ihm, dass ich das auch tun würde, da es das Kind meines Sohnes sei. Für mich war's in diesem Moment eine Freude, wieder Oma zu werden und meinen Sohn und seine Freundin auf diesem unbekannten Weg zu unterstützen.

Der 20. Juni 2002 – ein Sommer, der noch lange wehtut

Dieser Donnerstag begann sehr seltsam. Mein Sohn rief mich um 10.30 Uhr von der Firma aus an. Da die Weltmeisterschaft zu der Zeit lief und an diesem Tag Italien spielte, erinnerte mich Michael daran, fest die Daumen für Italien zu drücken. Er hatte an diesem Nachmittag frei und wollte sich das Spiel mit Freunden ansehen.

Italien verlor leider das Spiel, und ich telefonierte nochmals mit meinem Sohn. Ich wusste da noch nicht, dass es das letzte Mal war, dass ich seine Stimme hörte.

Mein Sohn fuhr an diesem Abend mit Teuta, deren Bruder und einem guten Freund Eis essen.

Kurz vor 23 Uhr fuhr Michael von Stuttgart nach Esslingen Richtung Heimat. Er fuhr mit seinem BMW in den Leuzentunnel ein, und das etwas zu schnell. Kurz vor dem Tunnel hatte er sich entschieden, eine Rallye mit einem Daimler zu veranstalten. Er bemerkte die orangen Warnsignale einer Kehrmaschine auf der rechten Seite des Tunnels. Michael hatte sich sehr erschrocken und legte eine Vollbremsung hin. Mein Sohn verlor die Kontrolle über sein Fahrzeug und schleuderte daraufhin auf die linke Seite des Leuzentunnels, und durch diesen Aufprall wurde er auf die rechte Seite direkt auf die Kehrmaschine katapultiert.

Mein Sohn war nicht angeschnallt und hatte das Originallenkrad von BMW entfernt und es gegen ein Sportlenkrad, das über keinen Airbag verfügte, ausgetauscht. Durch den Lenkradtausch zerstörte mein Sohn die ganze technische Sicherheit, so funktionierten kein Airbag und kein ABS.

Durch diesen Aufprall fiel Michael mit seinem Hals auf das scharfkantige Lenkrad und durchtrennte sich die Halsschlagader und erlitt einen Schädelbruch. Er schloss endgültig seine Augen um 0.12 Uhr noch an der Unfallstelle. Einem Trümmerhaufen aus zerstörten – Träumen und Perspektiven!

Teuta, die hochschwanger war, erlitt eine schwere Wirbelsäulenverletzung, ihr Bruder wurde ebenfalls schwer verletzt, der Freund kam mit dem Schrecken davon. Um 23.55 Uhr bekam Teuta mit einem Kaiserschnitt im 7. Monat ihr Baby.

Liridona erblickte das Licht der Welt, noch bevor ihr Vater verstarb. Bis heute denke ich oft darüber nach, ob das Schicksal wohl gewürfelt hat: Ein neues Leben bleibt; mein Sohn muss diese Welt verlassen.

Teuta erzählte mir später über den Unfall in dieser Nacht:

Kurz bevor Michael die große Tür zum Himmel öffnete, warf er noch einen kurzen letzten Blick auf dieses Stück Glück, das er auf unserer Erde hatte. Wobei eine innere Stimme ihm zurief, er solle gehen, und das für immer. Er hatte seine Welt hinter sich gelassen und ließ uns nur die Erinnerungen an sein kurzes Leben und Liridona, seine Tochter, als sein Vermächtnis. Alles ist nur geschenkt, selbst das Atmen. Michael atmete nicht mehr, für mich hat sich die Sonne verzogen, um den Wolken den Platz zu überlassen.

Als Teuta am nächsten Tag erwachte, war Michael schon an einem jenseitigen Ort, was sie aber noch nicht wusste. Liridona lag als Frühgeburt in einem anderen Krankenhaus und kämpfte dort, getrennt von ihrer Mutter, um ihr kleines Leben. Für Teuta ging die Welt unter, als sie das erfuhr. Sie fühlte sich nicht mehr sicher in ihrer Welt. Ein Kerzenlicht war für sie für immer erloschen.

Brief an meinen Sohn

Das Leben hält so manche Überraschung, und man kann nicht gegen das Schicksal ankämpfen, wenn Sterne nicht leuchten und Engel versagen.
Michael …
Es tut mir sehr weh, dass du nicht mehr bei uns bist. Ich komme mir orientierungslos vor, als ob ich meinen Kompass verloren hätte. Dadurch bin ich verwirrt. So verloren wie jetzt, habe ich mich noch nie gefühlt. Ich bin völlig durcheinander. Früher wusste ich immer, warum ich nach Hause komme — als du und Sophie noch mein Zuhause wart. Verzeih mir, dass ich

so wütend und traurig war, als du noch einmal und jetzt für immer von mir gegangen bist.

Ich denke immer noch, dass Gott einen Fehler begangen hat. Ich warte darauf, dass er ihn wieder gutmacht.

Es tut mir leid, dass ich nicht besser für dich gesorgt habe. Du hättest nicht einen Augenblick frieren sollen, Angst haben oder krank sein dürfen. Es tut mir leid, dass ich nicht versucht habe, dir meine Gefühle besser zu zeigen. Es tut mir leid, dass ich mich mit dir gestritten habe und dass ich mich nicht öfter dafür entschuldigt habe, wenn ich falsch lag und du recht hattest.

Michael, du warst ein gutes Kind, und ich hätte dir das viel häufiger sagen sollen. Es tut mir sehr weh, dass ich dich nicht so festgehalten habe, dass nicht einmal Gott dich mir hätte nehmen können.

Es gibt keine Stunde in meinem Leben ohne dich.

Meine Gedanken finden keinen Frieden mehr. Heute erst dachte ich an die Zeit, als du klein warst, auch an den Moment, als du unsere kleine Welt für eine größere, vielleicht für eine bessere, verlassen hast.

Ich hatte damals mehr Angst, als ich zugeben wollte. Ich bekämpfte diese Angst, indem ich mir einredete, du würdest eines Tages wieder nach Hause kommen. Ich dachte darüber nach, was ich bei unserem Wiedersehen als Erstes sagen würde. Ich glaube, dass ich an ungefähr einhundert verschiedene Möglichkeiten gedacht habe. Leider kam es nie dazu ...

Mitten auf der Achterbahn

Wenn ein sterbender Mensch die Grenze zwischen Leben und Tod endgültig überschritten hat, beginnt etwas Neues für die Trauernden, und wenn es dann noch sein eigenes Kind ist, dann bleibt die Uhr für eine längere Zeit stehen.

Wir brauchen die Sinne und den Verstand, um nach einer Weile das Ganze wahrzunehmen, vor allem den plötzlichen und überraschenden Tod unseres eigenen Kindes.

Seit 10 Jahren sehe ich das Schicksal meines Sohns immer wieder vor meinen Augen.

Ich stehe mitten auf der Achterbahn, ich wage es und steige ein, man sagt: „No Risk – no Fun". Ich hatte sowieso keine andere Chance!

Raum und Zeit, das Ende ist ungewiss, ab dem Zeitpunkt des Todes meines Sohnes änderte sich mein komplettes Leben mit rasender Geschwindigkeit. Ich hatte Zweifel, denn ich wusste nicht, was kommen würde: würde ich gut landen oder total abstürzen.

Trauer hat unendlich viele Gesichter. Sie kennt kein schön oder hässlich, kein richtig oder falsch. So verschieden, wie wir lieben, so trauern wir auch. Trauer ist eigentlich nichts anderes als die Fortsetzung der Liebe, ein Weg mit verschiedenen Ebenen, der immer die Integration im Leben zum Ziel hat. Die Trauer hört nie auf. Sie verändert ihr Wesen, ihre Identität, aber sie bleibt.

So beginnt am 21.6.2002 ein emotionales Chaos und wird zur alltäglichen Aufgabe. Es gelingt mir nicht mehr, meinen Alltag zu stabilisieren, und kaum gewinne ich eine Handbreit Boden unter den Füßen, stürze ich umso tiefer wieder ab. Die eigene Rolle und Position verwischt sich, verrückte Gefühle wechseln sich mit tiefer seelischer Erstarrung ab. Ich fühle mich schutzlos, verlassen von allen Menschen, die mir nahe waren. Es bleibt kein Lebensbereich von dieser Orientierungslosigkeit verschont. Ich fühle mich allein gelassen mit meinem großen Kummer, so als hätte ich Aids bekommen. Immer wieder spürte ich den Wunsch, meinem Sohn zu folgen. Der Gedanke ließ mich nicht mehr los und machte mir mit der Zeit Panik, sodass ich oft dachte, es nicht mehr zu schaffen.

Ich wurde mir immer mehr fremd, ich hatte Angst, verrückt zu werden. Ich hatte Angst vor dem Leben, überflutet zu werden von Einsamkeit und Irresein. Ein chaotisches Gefühl zwischen Leben und Tod rann durch meinen Körper. Dies raubte mir meine letzte Energie und meinen Schlaf, Zeit schien keine Rolle mehr zu spielen. Mein eingespielter Lebensrhythmus hatte sich aufgelöst.

Die Trauer um meinen Sohn floss wie flüssiges Blei in mein Leben. Sie umschloss jede meiner Poren und ließ Lachfalten erstarren. All diese Schmerzen waren einfach da, und ich konnte sie auch nicht mehr verbannen. Was bisher war, zählte für mich nicht mehr, meine Seele lag blank.

Ich brauchte acht Jahre, bis ich bemerkte, dass ich es nicht schaffe.

Am liebsten würde ich die Zeit vor dem Tod meines Sohnes einfrieren und sie konservieren, um der grausamen Wirklichkeit zu entfliehen.

Ich war nun ständig unterwegs, fühlte mich nirgends mehr zu Hause. Innerhalb von neun Jahren hatte ich kilometermäßig die Welt mehrmals umrundet, aber an meinem Leben hatte sich nichts geändert, im Gegenteil, es wurde immer schlimmer! Gelebte Erfahrungen prägen unser Leben, ich hatte in meinem Leben an so vieles geglaubt – an Menschen, Symbole und an die Zeit! Aber jedes Mal hat die Wirklichkeit mir jeden Idealismus geraubt!

Leise, ganz leise zieht sich der Vorhang zu. Über allem lag ein Zögern, eine Langsamkeit, als wäre sich das Leben seiner Schwäche bewusst. Wenn das Sonnenlicht einmal gebrochen ist, kehrt es nie mehr zurück!

Mein Leben verlor seine Konturen, bereitete sich auf ein langes Exil vor. Eine Dunkelheit legte sich um mich, etwas Uraltes in mir wusste, ich kann nicht mehr! Ich entfernte mich immer mehr von den Lebenden, dafür lebte immer mehr mit meinen toten Sohn!

Im Juni 2011 war das Chaos um mich herum so groß, dass ich mir Hilfe bei einer Ärztin holen musste. Die Einweisung in eine Klinik war notwendig, denn mir wurde klar, dass ich dort versuchen musste, mein Leben zu ordnen und neue Wege zu finden, um mich mit diesem Trauerprozess anzufreunden.

So kam ich am 29. September 2011 in die Schön-Klinik am Starnberger See. Als ich die Eingangshalle betrat, hatte ich das Gefühl, in ein elegantes kleines Schloss aufgenommen zu werden. Hier erinnerte nichts an eine psychosomatische Klinik, außer wir Patienten selbst. Ich fühlte mich wahnsinnig traurig, und ich war enttäuscht von mir, es nicht alleine geschafft zu haben. Ich saß in der Lobby und bemerkte spätestens da, dass ich sehr krank war, nicht mehr funktionierte, und das war auch schon alles, was ich noch wusste. Für die Ärzte war ich also krank, hatte einen riesigen Schaden, jetzt war es offiziell. Die Maschinerie war ins Rollen gekommen, und ich war ab sofort nur noch ein passiver Anteil des Ablaufes. Ich fühlte mich seltsam hier, als würde mein komplettes Leben nicht mehr existieren. Ich wusste nicht mehr, wer ich bin, woher ich komme, und zum ersten Mal war mir bewusst, ich hatte niemanden mehr.

Das Leben am Starnberger See war einfach magisch. Ich wollte niemand mehr sein, niemanden mehr sehen und niemanden hören. Meine gesamte Familie, die bisher in meinem Leben eine Rolle gespielt hatte, hatte auf einmal meine Seele verlassen. Der einzige Mensch, der noch da war, war mein Sohn Michael. Er war immer noch präsent, nach wie vor.

In der Klinik fiel es mir schwer, über meine kranke Seele zu sprechen, und ich wollte mit niemandem zusammen sein, wollte meine Geschichte dort nicht erzählen.

Im Verlauf der Wochen hatte ich mehr Vertrauen zu den Psychologen und Patienten aufgebaut, fühlte mich wohl, und es ging mir von Tag zu Tag besser. Durch diese Therapie habe ich viele neue Freunde, die auch geblieben sind, gefunden. Diese Menschen hören mir zu, lassen mich in meiner Trauer nicht allein. Ich habe mich in die Stadt München verliebt, verbringe viel Zeit dort und habe für mich einen neuen Weg gefunden, über meinen Sohn zu reden. Habe mich von meiner kompletten Familie getrennt, denn ich passte nicht mehr in ihren Kreis, und das haben sie mich auch spüren lassen.

Ich danke allen, die mich in der Schön-Klinik begleitet haben, diesen schweren Weg zu gehen. Besonders danken möchte ich Gabriele und Andreas, der immer für mich da war auch in dieser schweren Zeit. Ich werde die beiden nie vergessen.

Aber Michael lässt mich doch nicht ganz allein! Er hinterlässt mir seine kleine Tochter Liridona und sein Freundin Teuta, die den Unfall überlebte hatte, die mir immer wieder helfen, diesen großen Schmerz eine wenig leichter zu ertragen!

Auf diesem Weg will ich auch Teuta danken für das Geschenk, das sie mir mit Liridona gemacht hat. Gemeinsam haben wir Freude und Glück, aber auch sehr viele SCHMERZEN erlebt!

Ganz lieb danke ich meiner Tochter Sophie, meinem Schwiegersohn, meinen Enkeln Domenico und Micaela. Ohne euch hätte ich es nicht geschafft.

In Liebe, eure Mémé – Großmutter

Ich kann immer noch nicht ganz glauben, dass mein Sohn nicht mehr bei uns ist. Dass Michael auch nicht mehr kommt! Das Haus ist seit Jahren so still! Aber die Stille sagt etwas, es war die Stille, die nur die Anwesenheit des Todes bedeuten kann!

Michael, ich kann immer noch dein Lachen hören, nach all den Jahren wohnt dein Lachen immer noch zu Hause und du auch.

Man weiß selten, was Glück ist,
aber man weiß meistens, was Glück war.

Françoise Sagan

In Liebe, deine Maman.

Das Leben ist ein Theaterstück ohne
vorherige Theaterproben. Darum erleb jeden
einzelnen Augenblick deines Lebens mit
Zuversicht, und wenn auch das Schlimmste
vor deiner Tür steht,
wenn der Wind mal richtig hart in dein
Gesicht schlägt.
Versuche immer wieder zu lächeln, bevor der
Vorhang fällt und das
Theaterstück ohne Applaus zu Ende geht!

Nadine Naume